本书得到了国家自然科学基金青年项目"二元绩效反馈对海国际化绩效的影响研究"（项目编号：72102172）的支持。

U0461709

我国跨国企业海外市场 发展现状及 国际化战略分析

张　伟　程斌武◎著

WOGUO KUAGUO QIYE HAIWAI SHICHANG
FAZHAN XIANZHUANG JI
GUOJIHUA ZHANLUE FENXI

经济管理出版社
ECONOMY & MANAGEMENT PUBLISHING HOUSE

图书在版编目（CIP）数据

我国跨国企业海外市场发展现状及国际化战略分析/张伟，程斌武著. —北京：经济管理出版社，2023.2
ISBN 978-7-5096-8952-3

Ⅰ.①我…　Ⅱ.①张…　②程…　Ⅲ.①跨国公司—国际市场—研究—中国
Ⅳ.①F279.247

中国国家版本馆 CIP 数据核字（2023）第 040355 号

组稿编辑：勇　生
责任编辑：王　洋
责任印制：黄章平
责任校对：王淑卿

出版发行：经济管理出版社
　　　　　（北京市海淀区北蜂窝 8 号中雅大厦 A 座 11 层　100038）
网　　址：www. E-mp. com. cn
电　　话：（010）51915602
印　　刷：北京晨旭印刷厂
经　　销：新华书店
开　　本：720mm×1000mm/16
印　　张：11.75
字　　数：143 千字
版　　次：2023 年 5 月第 1 版　2023 年 5 月第 1 次印刷
书　　号：ISBN 978-7-5096-8952-3
定　　价：68.00 元

前　言

当前越来越多的企业选择到海外市场谋求发展，中国已连续多年位居对外直接投资总量的榜首。但根据历年《中国企业海外可持续发展报告》来看，我国的跨国企业在海外市场上频繁遭遇艰难险阻，发展并不是很顺利，有的跨国企业在海外市场上连续亏损；此外，根据 Interbrand 推出的《2021 年度全球最具价值 100 大品牌》，中国只有华为这一个品牌位列全球最具价值品牌前 100 名。这表明当前我国的跨国企业在东道国市场上的经营正经历着重重困难。

对于我国的跨国企业来说，仅仅实现"走出去"是远远不够的，如何实现在东道国市场上的"走进去"和"走上去"是至关重要的。"走进去"意味着跨国企业能够在东道国当地市场上顺利开展经营，"走上去"则表明跨国企业在东道国市场上已经建立了强大的竞争力，能够引领东道国当地相关行业及其领域的未来发展，对全球产业具有重大的影响。

对于跨国企业来说，由于不同国家间在规制、规范、认知及文化等方面存在着差异，跨国企业在东道国市场上往往面临着不被其利益相关者所接受和认可的问题。因此，跨国企业需要在东道国市场上重新建立其合理性，以能够得到利益相关者的认可和接受，并最终实现其在东道国市场上持续、稳定的长期发展目标。

　　基于此，本书对我国具有代表性的跨国企业进行了全过程的跟踪分析，以提炼出能够帮助跨国企业实现在东道国市场上"走进去""走上去"的目标。本书共分为四部分内容，分别是：现状描述、理论阐述、战略凝练及案例分析。其中，现状描述主要归纳和概述当前我国跨国企业在海外市场上的经营现状，通过现状描述，能够对我国跨国企业的海外发展有个整体性的了解和认识；理论阐述主要介绍关于国际化领域的主要相关理论和模型，以能够为后面的战略凝练提供理论指导和借鉴；战略凝练主要基于当前对一些跨国企业的海外发展资料进行分析和归纳，总结出跨国企业在海外市场上想要实现"走进去""走上去"所采取的战略，具体包括要素合理化战略、身份合理化战略、管理合理化战略以及产出合理化战略；案例分析则主要是选取了 TCL 在越南的整个发展过程进行分析，以及海尔在泰国的整个发展过程进行分析，以能够进一步清晰地展示本书中提出的国际化战略"四部曲"模型，对我国跨国企业在东道国市场上的发展提供有建设性的理论和实践指导。

　　本书期待能够为我国跨国企业的"走出去""走进去"以及"走上去"提供建设性的指导和参考。但由于编者团队的力量和知识有限，本书的所有观点是在基于现有相关资料的基础上，结合编者团队的知识架构体系所提出的，尚存在很多不成熟的地方，还望读者见谅。此外，编者团队迫切期待有志于此研究领域的专家学者、企业人才与编者团队联系，共同探讨和分析我国跨国企业的国际化发展路径，以期为更多的跨国企业在海外市场上顺利实现"走出去""走进去"以及"走上去"带来启示。

目　录

第一章
我国企业海外市场发展的理论基础：制度理论

一、制度基础观的形成

20 世纪八九十年代，对于战略理论的认识学术界主要分为两大理论学派：产业基础观的战略理论学派和资源基础观的战略理论学派。产业基础观的学者认为，企业的战略和绩效主要取决于产业环境（Poter，1980），即企业的成败来自所处的行业。而资源基础观的学者认为，企业之所以能够取得成功，主要是取决于企业自身拥有的资源、能力以及核心竞争力（Barney，1991），其认为是企业所拥有的资源的异质性导致了企业的异质性。两大理论学派都对企业的成败进行了探讨和分析，并形成了自己的理论架构。

早在 1969 年，Lawrence 和 Lorsch 就对"制度"如何影响企业战略进行了探讨和分析（Lawrence & Lorsch，1969），但他们的研究聚焦于发达国家，并且是将制度作为企业进行战略选择的背景进行分析，并未能对制度进行更深层次的探讨，对"制度"研究的深度与广度都仍显不足。但是，随着世界经济一体化的快速发展，企业面临的战略环境发生了巨大的变化。企业为了能够适应新的战略环境，就不得不重新审视现有的战略，并革新现有战略，制定新的战略，从而对战略理论提出了新的需求，制度基础观应运而生。制度理论学者，以 Scott（1995）为代表，他们从企业层面出发，对不同制度环境下的企业战略进行研究和分析，基于制度基础观的战略理论逐渐形成。

传统经济学家通常是将单个的企业或组织作为分析的基本单位，忽视了企业或组织所处的制度环境的重要作用。科斯提出的交易成本理论，尽管其探寻了组织或企业交易行为背后的制度选择问题，但是其依旧没有对制度如何影响组织行为的内在作用机制进行深入分析和探讨。Meyer 和 Rowan 率先对新制度主义进行研究，他们通过研究发现组织正式结构的设计往往不是基于效率或绩效，组织的正式结构通常是作为"制度赋予的理性神话和仪式"，换句话说"组织结构性地反映了社会建构的现实"。Meyer 和 Rowan 通过研究，还认识到处于同一制度背景下的组织或企业之间存在着显著的相似性或趋同性。遗憾的是，他们对此并没有展开更深入的研究，没有进一步探讨制度同构背后的理论作用机制，也没有进一步揭示为什么组织或企业间会存在趋同性。

在此基础上，DiMaggio 和 Powell 两位学者开始重点关注组织或企业的趋同性，他们基于微观视角，对组织趋同的内在机制进行了研究，并提出了组织趋同的三种内在机制，分别是：强制同构、模仿同构和规范同构。这些研究发现进一步证实了企业或组织的行为会受到制度的影响。制度在研究中也不仅仅应该当作情景因素进行分析，而是应该重点关注制度对企业或组织的直接影响。基于此，学界越来越认识到对于企业或组织的研究不仅仅应该局限于企业或组织内部，而是应该要打破企业或组织的边界，打破企业或组织本身和效率机制的限制来探讨企业或组织的行为。企业的战略行动不仅是产业状况、企业资源和能力的结果，而且是产业状况、企业资源或能力以及制度环境综合作用的产物。学界开始逐渐将社会学中的制度理论迁移到组织领域的研究范畴中，由此诞生了新制度主义学派。

现有学者认为战略管理领域存在三大基础理论，分别是制度理论、资源基础理论以及成本经济学。制度理论学派的 Peng 认为，在研究新兴市场中的跨国企业战略时，制度理论是最有力的分析工具，其通过对新兴市场的企业进行研究，提出了"制度环境—战略行为—企业绩效"战略管理研究的新范式。

二、制度基础观的主要内容

对于"制度"的定义，不同学者有不同的看法。诺贝尔经济学奖获得者 Douglas North 认为制度主要体现的是人与人之间的关系，其认为制度是"人为设定的，决定人们之间相互关系的一种约束"，并指出这一约束可分为正式与非正式两类，其中正式制度指的是社会个体不得不遵守的某些规则，通常表现为一些成文的法律、法规及规章等；而非正式制度则指的是社会个体在自然交往过程中所逐渐形成的某些规范限制，通常表现为特定社会环境下人们所形成的社会道德、规范、信仰及价值观体系。社会学家 Richard Scott 从制度的社会影响视角出发，认为制度是"受规章、规范及认知体系制约的结构和活动，这些结构和活动使社会趋于稳定，使社会行为产生意义"。因此，制度是由规制（指正式制度，包括法律、法规等）、规范（指非正式制度中的社会道德及行为规范）和认知（指非正式制度中的信仰及价值观）三个方面构成的（Scott，1995）。

制度理论具有两个核心假设：①企业在制度的约束下理性地追求利益，并做出战略选择；②正式制度和非正式制度共同支配和影响企业的行为，其中，正式制度对企业的行为约束一般具有强制力，但是正式制度的约束会有失效的时候，当正式制度约束作用失效时，非正式制度将起到重大的作用。现有关于制度理论的研究大都是基于这两个假设前提。第一个假设强调的是，制度的设定是为约束企业和人的行为而存在的，任何企业和个人都不应违反制度的约束，只能在制度约束的条件下追求利益最大化。第二个假设强调的是，非正式制度的约束对于企业和个人的行为也将产生重大的作用，有学者认为非正式关系约束仅仅与新兴市场国家的企业有关，而发达国家的企业因为追求的是"基于市场"的战略所以不受非正式制度的影响，但现有研究发现，事实并非如此，即便是在发达国家市场中，正式制度所起到的约束作用也是非常有限的，而非正式制度的约束则更为普遍，这一假设能够很好地对以下现象做出合理性的解释：现实世界中的一些企业，虽然没有领先的成本、差异化的产品以及非常顶尖的技术优势，但却依旧能够在以非正式制度为特征的非市场化的政治环境下得以存活，并击败竞争对手，原因就在于这些企业依靠政治手段获得政府的支持和保护，进而通过非正式制度的约束来打败竞争对手。

制度理论认为组织是嵌入到制度环境中的，组织对制度压力非常重视（Pfeffer，1982；Pfeffer & Salancik，1978）。组织的选择会受到外界经济环境和制度环境的限制，组织能否生存在于其是否能回应及符合外界环境的要求（Oliver，1991）。制度环境指的是与某一社会或区域相联系的文化含义、理性和社会规范，是企业不得不遵守的，以获得与关键涉众，如消费者、专业人士、公众意见和规制者的接受和支持（Kates，2004）。对于一个企业来说，其所面临的环境由两部分构成，一部分是任务环境，另一部分是制度环境。企业面临着这两大环境带来的压力和约束，需要对环境做出反应，以获得后续生存和发展所必需的合理性。

制度理论认为，企业只有获得合理性，才能够继续生存和发展下去。合理性作为制度理论的核心概念，受到了学术界的广泛研究。下面一节将单独介绍制度理论中这一非常重要的概念——合理性。

三、制度理论的核心概念：合理性

关于合理性的研究，起源于对组织范围的探讨和分析。当组织的行为与当前社会系统的规则、规范之间存在着实际或者潜在的差距，那么组织可能会因为这种差距受到社会的经济、法律或者其他政治体系的惩罚（Dowling & Pfeffer，1975）。正是基于组织与其所附着的社会环境之间的重要的关系，制度理论学者提出了合理性的问题（Suchman，1995；Dowling & Pfeffer，1975；Zucker，1987）。

制度理论认为组织之所以存在是因为组织遵守了其所处环境中的社会规则（包括法律法规、行业规范、价值观、文化传统等）（Meyer & Scott，1983）。合理化（Legitimation）强调的是组织是否遵循社会规则，这也是评价组织表现好坏的重要标准之一。当企业很好地遵守了所处外界环境的社会规则时，其便获得了合理性（Berger & Luchman，1966；Suchman，1995）。当前研究对于合理性的定义较多，但总结起来可以将合理性定义为企业或组织行为的合适性、恰当性和理所当然性。

表 1-1 列举了现有学者们对于合理性的定义。从表 1-1 中可以看出，Maurer（1971）认为，合理性就是组织向合作者和上级组织证明自己具有存在权力的过程。Dowling 和 Pfeffer（1975）及 Dowling 和 Salancik（1978）认为 Maurer（1971）对合理性的界定仅仅强调企业的自我证明，只反映了合理性的一个层面——组织与合作组织的关系，而合理性更多的是指企业的行为与其所在地的文化是否保持一致性。为了深化对合理性的认识，Meyer 和 Scott（1983）指出，Dowling 等（1975，1978）对合理性的定义仍然不够全面，他认为组织的合理性不是一个评价机制，而是一个认知机制，只有当组织的行为能够被理解时，组织才是合理的。因此，Meyer 和 Scott（1983）将合理性定义为，现行的文化能够在多大程度上为组织提供存在的理由，组织存在的理由是由社会大众的认知来判断的。不同于 Meryer 和 Scott（1983）对合理性过多地倾向于认知机制的定义，Aldrich 和 Fiol（1994）则认为组织的合理性实际上包含两个维度，认知合理性与社会政治合理性。认知合理性强调对组织知识的传播，组织的行为在多大程度上符合大众的常识，组织就具有多大程度的认知合理性；社会政治合理性是指在既定的法律和规范的基础上，舆论领袖、政府官员、社会大众在多大程度上认为组织的行为是合适的，相对于认知合理性，社会政治合理性更强调制度和规范层面对组织的约束。Suchman（1995）在总结前人定义的基础上，对合理性提出了兼具解释力的定义：合理性（Legitimacy）是指在一个由社会构建的规范、价值、信念和定义的体系中，一个实体的行为被认为是可取的、恰当的、合适的

一般性感知（Suchman，1995），其本质上是环境中涉众对组织遵循和支持环境规范与否及其程度的感知（Handelman & Arnold，1999），代表着环境对组织的总体接受程度（DiMaggio & Powell，1983；Dowling & Pfeffer，1975；Hannan & Freeman，1989）。

表 1-1 合理性的定义

定义	定义视角	主要文献
组织的行为是否能获得社会系统中共享的价值观的赞许	评价机制	Parsons（1960）
组织存在的理由	评价机制	Maurer（1971）
组织的行为与当前文化系统（规则）保持一致	评价机制及行为结果判断	Dowling 和 Pfeffer（1981）
社会适应性	评价机制	Oliver（1991）
组织的社会性行为是否能够得到认可	行为结果判断	Deephouse（1996）
组织的行为因为遵循行业规则或更大的社会期望从而被认为是可接受、渴望的程度	感知及评价	Rindova，Pollock 和 Hayward（2006）
社会对组织行为是否合适、可接受和所期望的判断	评价机制	Zimmerman 和 Zeitz（2002）

资料来源：刘洪深.合理性视角下制度压力对企业国际化营销战略及其绩效的影响研究 [D].武汉大学博士学位论文，2012.

综上所述，就合理性的本质而言，合理性是指环境中涉众对组织遵循和支持环境规范与否及其程度的感知（Handelman & Arnold，1999），代表着环境对组织的总体接受程度（DiMaggio & Powell，1983；Dowling & Pfeffer，1975；Hannan & Freeman，1989）。更为重要的是，合理性的核心理念不在于自身的利益机制或者某种效率，而极为关注的则是制度环境，期望组织或个体行动能够获得社会认可或合乎情理。

基于制度的三个支柱——规制、规范和认知，Scott（1995）将组织合理性分为规制合理性（Regulative legitimacy）、规范合理性（Normative legitimacy）和认知合理性（Cognitive legitimacy）。

其中规制合理性强调与法律规范的一致性，即合理的组织必须依法建立并且要依法经营；规范合理性关注评价合理性的更深的道德基础，主要来源于社会的道德观和价值观，因此也被学者称为道德合理性；认知合理性强调来自采用普遍的情形参考框架。

Suchman（1995）将合理性分为三个维度，分别是：实用合理性（Pragmatic legitimacy）、道德合理性（Moral legitimacy）、认知合理性（Cognitive legitimacy），这一分类法得到了大多数学者的认可（Tyler，2006）。实用合理性、道德合理性以及认知合理性的维度内容如表 1-2 所示。下面将详细介绍这三种不同类型的合理性：

表 1-2　合理性的维度

合理性	定义	文献
实用合理性	组织行为是否满足了利益相关者的实用利益需求： —交换合理性（Exchange legitimacy）； —影响合理性（Influence legitimacy）； —品质合理性（Dispositional legitimacy）	Suchman（1995）； Dowling 和 Preffer（1975）； Meyer 和 Rowan（1991）
道德合理性	基于社会规范来判断组织的行为是不是合适的： —结果（Consequential legitimacy）； —方法和过程（Procedural legitimacy）； —范畴或者结构（Structural legitimacy）； —领导及代表人物（Personal legitimacy）	Suchman（1995）； Scott et al.（1991）
认知合理性	基于社会文化判断组织的行为是不是理所当然的： —可理解性（Comprehensibility）； —理所当然性（Taken-for-granted）	Suchman（1995）； Scott et al.（1991）

资料来源：刘洪深. 合理性视角下制度压力对企业国际化营销战略及其绩效的影响研究［D］. 武汉大学博士学位论文，2012.

1. 实用合理性

所谓实用合理性是指组织的经营行为、行为结果是否满足了利益相关者的基本实用利益需求。实用合理性除组织与其利益相关者之间直接的利益交换之外，还包括组织制定的政策、制度等对其利益相关者带来的间接的利益损益。

（1）交换合理性（Exchange legitimacy）是实用合理性最基础的形式，组织的利益相关者会根据组织的行为形成对自身利益变化的判断，从而决定是否支持组织的行为（Dowling & Pfeffer，1975）。

（2）对实用合理性一个更加社会化的界定是影响合理性（Influence legitimacy）。一些具有良好社会声誉的企业往往并不是将自身利益最大化作为企业的经营目标，而是将利益相关者的利益放在首位。在这种情况下，利益相关者对自己所获利益的判断可能并不是基于自身利益获取的简单计算，而是直接通过企业的声誉所创造的影响力进行判断（Meyer & Rowan，1991），如消费者往往会认为有声望的百年老店不会对消费者做出欺骗性的行为。

（3）对实用合理性另一种解释为品质合理性（Dispositional legitimacy），企业在经营过程中会凸显出不同的组织特性，利益相关者也习惯倾向于将组织拟人化——每一个组织都具有人性化的特征，这种人性化的特征会直接影响利益相关者对组织行为的判断（Rao，1998），利益相关者会根据组织个性对组织进行评价。

2. 道德合理性

道德合理性是基于社会性的规范对组织及其行为的评价（Desai，2008）。相对于实用合理性，道德合理性不会考量组织行为是否满足了利益相关者的需求，而是以社会道德规范为准则来判断组织的行为是不是合适的（Tyler，2006）。道德合理性评价将对组织评价的评价者从利益相关者扩大到整个社会系统，评价准则从基本经济利益延伸为社会的制度规范。道德合理性往往会以四种形式呈现：结果、过程、结构和代表性人物

(Tyler，2006；郭锐和汪涛，2010）。

（1）结果合理性是社会评价组织最基本的形式，从组织诞生使命来看，以组织所产生的成果来作为评价组织的标准是最显而易见的形式，如汽车制造行业的尾气排放量、医院的死亡率等。结果合理性虽然是评价组织最常见的形式（Handelman & Arnold，1999；Palazzo & Scherer，2006），但是往往有些行业的结果因为测量标准不一致、安全保护等因素是不可见的，如武器行业，这就需要考虑到过程合理性。

（2）过程合理性主要是指组织的生产过程、技术指标等（Baum & Oliver，1991），如一家医院往往并不会因为死亡率而被认为道德上是不合理的，但是如果医院在治疗过程中采用了错误的医疗方案，则会受到社会的谴责。

（3）作为结果合理性的另一种补充形式，结构合理性也称为范畴合理性（Category legitimacy），也是判断组织是否符合社会规范的重要形式（Jackson & Fondacaro，1999；Suchman，1995）。一个组织往往因为特殊的组织结构而被划归为具有合理性的组织范畴，而不具备这些组织结构的组织则往往被认为是不合理的，如一家汽车生产企业，如果该企业具有专职的环保监测部门，社会往往会给予其更加正面的评价。结构合理性与过程合理性之间常常存在相互混淆的地方，相对于过程合理性，结构合理性更加注重组织在长时间内保持稳定的组织结构形式。就汽车生产企业而言，"我们会监测每一辆出厂汽车的废气排放量"被作为过程合理性，而"我们具有专门的汽车废气排放检测部门"被作为结构合理性。

（4）道德合理性的最后一种体现形式为领导（Leader）或代表性人物（Representative）。这种形式虽然采用较少，但作为其他三种形式的补充，仍然得到 Zucker（1991）、Dimaggio（1988）

等学者的认同。因为组织与领导者之间往往相互影响，在行为方式上相互渗透，这在小型企业或者企业发展初期体现得尤为明显，因此有些消费者往往也倾向于根据领导者的风格来对组织的决策或行为进行判断。

3. 认知合理性

实用合理性主要以利益相关者的经济利益损益作为判断标准。道德合理性主要以社会的规范、规则为基础，通过对组织的行为结果、过程、结构或代表性人物的评价来判断组织的行为是不是合适的。认知合理性则从组织所在地文化的视角来判断组织的行为是不是理所当然的（Low et al., 2007）。相对于实用合理性和道德合理性的判断过程，认知合理性的判断过程更加简单、直接，该过程不需要精细的思考和计算，评价者往往会根据长久以来的文化价值观下意识地评判组织的行为。这一过程的特性体现在以下两个方面：可理解性（Comprehensibility）和理所当然性（Taken-for-granted）。

（1）所谓可理解性是指，组织的行为如果是合理的，那么组织的行为是在该文化系统中能被该文化接纳的、适应的，也就是说，如果按照该文化价值体系，组织的行为是可以预测的（Ben-Yoav & Hollander, 1983；Clegg & Rhodes, 2007；Singh & Tucker, 1986）。

（2）组织行为的理所当然性是指，在短期和长期，企业的行为如果需要获得合理性，那么组织的行为都是固定的、不可避免的（Elsbach, 1994）。

另外，有些学者还将合理性分为内部合理性和外部合理性（Kostova & Roth, 2002；Rao, Chandy & Prabhu, 2008；Singh, 1986）。国内学者赵孟营（2005）认为，组织内部合理性是指组织内部成员（如员工和股东等）对组织权威结构的承认、支持和服从；而组织外部合理性是指组织外部的社会成员对组织权威结构的承认、支持和服从。表 1-3 是对内部合理性和外部合理性分类的汇总。

表 1-3　合理性的分类

研究视角	合理性类型	来源依据	参考文献
内部合理性	媒体合理性	评判受众	Deephouse（1996）；Pollpck 和 Rindova（2003）；Bansal 和 Clelland（2004）
	内部合理性	评判受众	Kostova 和 Roth（2002）
	历史合理性	组织特征	Rao 等（2008）
	地理合理性	组织特征	Rao 等（2008）
	市场合理性	组织特征	Rao 等（2008）
	过程合理性	组织特征	Suchman（1995）
	结构合理性	组织特征	Suchman（1995）
	结果合理性	组织特征	Suchman（1995）
	人员（员工、领导者）合理性	组织特征	Suchman（1995）
	技术合理性	组织特征	Ruef 和 Scott（1998）
	管理合理性	组织特征	Ruef 和 Scott（1998）
外部合理性	规则制定者合理性	评判受众/依从机制	Baum 和 Oliver（1991）；Deephouse（1996）
	投资者合理性	评判受众	Rao，Greve 和 Davis（2001）；Cerot（2003）
	拥护者合理性	评判受众	Rao（1998）
	联结合理性	组织特征	Baum 和 Oliver（1991）
	认知合理性	评价标准	Aldrich 和 Fiol（1994）；Hannan 等（1995）
	社会政治合理性	评价标准	Aldrich 和 Fiol（1994）
	道德合理性	评价标准	Suchman（1995）
	实用合理性	评价标准	Suchman（1995）；Ashforth 和 Gibbs（1990）
	规范合理性	迎合机制	Kostova 和 Zaheer（1999）；Scott（1995）
	规制合理性	迎合机制	Deephouse（1996）；Scott（1995）

资料来源：周玲.基于合理性理论的来源国形象研究：构成、机制及策略［D］.武汉大学博士学位论文，2012.

进入某一市场的企业必须服从规则和标准，采取一些行动（如捐款、声明、发展网络）来获得、维持以及提升其合理性（Deeds et al.，2004）。如此，企业才能获得一个合理性的保护伞，才可能获取如高管、高质员工、财务资源、技术、顾客、网络和政府支持等其他资源和机会（Aldrich & Fiol，1994；Deeds et al.，2004；Scott，1995；Zimmerman & Zeitz，2002）。因为合理性是企业获得相关资源和利益相关者支持的重要前提，所以，对于进行国际化的企业来说，合理性显得尤为重要。由于各个不同的国家或地区都已形成了其各自的制度约束，因此，企业在进行跨国经营时，就不得不面临着母国与东道国在制度上有差异（即制度距离（Institutional distance））的问题（Kostova，1996；Kostvoa & Zaheer，1999；Xu，2001）。制度距离使跨国企业在东道国市场上进行经营时面临着外来者劣势（Liability of foreignness）（Zaheer，1997；Eden & Miller，2004；Calhoun，2002），即面临纯本土经营公司所没有的特定成本，原因在于东道国本土的利益相关者与跨国企业之间存在着严重的互不了解，即东道国利益相关者缺乏对跨国企业信息的了解，跨国企业也缺乏对东道国制度的深刻理解。在此情形下，东道国的利益相关者主要使用刻板印象或其他非理性标准来对跨国企业进行评估，给跨国企业以怀疑及更严格的审查（Kostova & Zaheer，1999）。因此，跨国企业为了获得在东道国市场上的合理性，得到东道国利益相关者们的支持和认可，就需要深入了解影响其合理性获取的各个因素。

合理性理论为分析组织与其周围环境之间关系提供了一个很好的解释逻辑（Dowling & Pfeffer，1975）。任何一个组织其合理性的获得过程都需要包含组织和社会环境两方面的交互行为（Neilsen & Rao，1987）。在这个过程中，企业一方面是信息的解读者，需要分析和了解环境中对其施压的各个涉众及其特征；另一方面又是信息制造方，其战略反应和行为会为环境中的涉众所解读并由此决定是否赋予该企业合理性。当组织面临制度环境的压力时，为了获得存在和发展的合理性，组织不一定只一味顺从制度环境的要求，还可以权衡制度的压力与组织本身的能力，进而做出适当的回应战略（Oliver，1991）。因此，合理性可以通过企业战略行为来获取并增强，企业可以通过战略决策来改变其合理性的类型和数量（Deeds et al.，2004；Scott，1995；Suchman，1995），但这一合理化进程会受到一些因素的影响，这些因素不仅来自组织的内在特征，还源于外部环境的特征（Hybels，1995）。

"企业如何获取合理性"这一议题在制度理论范畴内得到了广泛关注，并基于不同角度发展了众多应对策略。Dowling 和 Pfeffer（1975）提出了组织获得合理性的三种策略：①适应性策略，即将组织的产出、目标、经营方法与主流合理性的定义保持一致；②调整性策略，即组织可以试图改变目前社会对于合理性的认识使其与组织目前的行为保持一致；③凸显性策略，组织可以通过沟通宣传策略凸显组织在合理性属性（如标志、价值观、制度）上的表现。与之类似，Suchman（1995）认为除了迎合环境与改变环境之外，组织还可以通过选择组织的经营环境来获得合理性，他认为组织可以通过以下三种途径来获得合理性：①迎合策略，使组织的行为与社会环境保持一致；②选择策略，选择组织经营的环境使组织环境与组织的观念一致从而获得合理性；③操控策略，组织可以改变公众对合理性的认识使公众对合理性的认识与组织的观念保持一致。Aldrich 和 Fiol（1994）从组织、产业内、产业间和制度四个层面总结了新进者如何获得组织合理性。Rao 等（2008）将合理性分为外部合理性和内部合理性，他认为组织的外部合理性可以通过企业联盟的方式获得，内部合理性可以从市场、科技、历史和地理因素中获得。

在国际营销领域，跨国企业想要获得东道国当地消费者的支持，就必须在进入东道国市场时，结合自身实际情况选择恰当的营销战略以获得在当地市场上的合理性，如选择恰当的进入模式（Davis et al.，2000）、提高产品质量感知（Handelman & Arnold，1999）、投身当地慈善与公益和提升企业社会责任（Palazzo & Scherer，2006；Cheng，Patten & Roberts，2008）、开展政治与公众公关（Roundy，2010）、打造渠道治理机制（Yang et al.，2012）、开发商业联结（Rao et al.，2008；Sheng et al.，2001）等。

四、制度影响企业战略的作用机制

何为企业战略？简单来说，战略指的是企业为了实现预期目标而制定的重大决策、行动和实施方式的一系列行动组合。制度理论认为，企业是嵌入在外部制度环境中的，因此，对于企业来说，其制定的所有战略都产生于特定的制度环境背景下，且企业的战略均受到制度环境的制约。而对于制度如何作用于企业战略，如何影响企业战略，可以从以下三个层面分析：

1. 企业遵循制度逻辑的动机——获得合理性认同

制度理论认为"企业是嵌入在外部制度环境中的"，这说明，企业在经营发展的过程中，需要不断地与外部环境产生交互，并且要根据外部环境的变化来调整自身的战略行动。"适者生存""优胜劣汰"对于企业来说，同样是适用的。只有适应了外部环境的企业才能够很好地存活，才能够获得好的绩效。因此，就需要从企业与外部制度环境关系的视角来分析和探讨企业的战略行为。

Suchman 认为"合理性是在一个由规则、信念等组成的社会体系中，判定组织的行为是预期的、恰当的或者是合适的一种感知和假定"。对任何企业来说，获得合理性是至关重要的，即获得来自"组织场域"内各利益相关者的支持和认可是非常关键的，因为能否得到他们的认可决定了企业可从这些关键的利益相关者手里获得多少发展所需的关键性资源。在利益相关者眼中，企业的行为是有一些可参照的标准的，如果企业的战略行为与外界公认的制度、规范、文化信仰等"合理性"机制相悖，就可能引起社会公愤，对企业长远发展造成不良影响。现有研究已经发现，对于跨国企业来说，其在东道国市场上的合理性缺失，会导致跨国企业很难得到东道国市场上外部潜在资源提供者的信任（Byrd & Vergne，2012），很难得到相应资源提供者的关注和支持，于是其很难获取到企业所必需的重要资源（如资金支持等）（Wang et al.，2012），会导致企业在东道国市场上难以生存和发展（Zimmerman & Zeitz，2002；Lounsbury & Glynn，2001）。

因此，对于企业来说，特别是跨国企业，其能否在东道国市场上得以存活和发展，取决于其能否获得东道国当地利益相关者的认可和支持，即获得东道国市场上的合理性。

2. 管理认知的制度特性和中介作用

制度是否对企业的战略决策产生影响，以及是如何产生影响的？对这一问题的研究还可以从认知科学的视角展开，通过探讨企业的管理者对制度的反应来了解制度对企业战略决策的影响机制。North认为从认知科学的有限理性角度出发，通过分析和挖掘企业管理者对于制度的反应，以及这些反应对企业战略决策的作用来探讨制度是如何影响企业战略决策的。

基于领导力的战略管理视角认为一个企业的领导者（如CEO、创始人、董事长等）会影响企业战略决策的制定和实施。因此，企业领导者的个人认知对企业决策会产生重大影响。有限理性理论认为，尽管人们在行事时追求保持理性，但由于人都是有限理性的，再加上人的认知缺陷，导致人们几乎不太可能做出纯理性选择的行为，即人们理性选择的能力非常有限。此外，由于有限理性，管理者对企业的管理模式主要依赖于其自身的管理认知，而管理者的管理认知又来源于自身的知识技能、个人的先前经验以及"组织场域"中的制度规范。此外，管理者个人的管理认知形成于主流制度逻辑下的制度规则、价值观、文化传统、社会规范等，导致管理者的个人管理认知具有一定程度的制度特性，进而塑造了管理者个人的认知模式，从而影响管理者的决策行为。

3. 企业对制度环境的塑造

制度的制定是一个双向互动的过程，一方面，社会上的各项制度对组织的行为产生约束力；另一方面，制度的制定也将受到组织的影响。在早期，大多数研究者通常将制度看作是影响组织行为的环境因素来进行研究，而忽视了组织在制度制定过程中的积极作用。早期的研究通常认为组织是被动地嵌入在制度环境中的，认为制度塑造了组织的行为。但随着研究的不断深入和开拓，有学者逐渐发现，制度的内容也会因为组织的行为产生变化，即制度的产生会受到组织行为的影响。Scott指出，制度化的过程分为两种：一种是"自上而下"；另一种是"自下而上"，而我们几乎都忽视了"自下而上"的这种制度化。

"自上而下"的制度化过程强调的是组织作为被动接受者，其行为是受制于制度环境的。"自下而上"的制度化过程则强调的是，组织会根据自身发展情况，在某些关键的时间段或节点来对相应的制度内容进行更改甚至是推翻，其认为组织并不总是在被动地受制于制度的影响，在某些情境下，组织会主动去更改制度内容。

学界找到了很多实例来佐证这一观点。例如，在某些情况下，企业会通过与政府部门建立紧密的关系来影响政府制定的某些制度内容，甚至有些时候，某些企业会通过贿赂等不正当手段与政策的制定者建立关系，以谋求其在政策制定过程中对企业进行倾斜，尽可能最大化企业的利益。此外，还有的企业通过在政府相关机构或行业机构里面担任某些职位来为企业谋取利益，除上述方式外，有时候单个企业的力量在对抗现行制度规则时显得势单力薄，多个企业进行联盟来对抗现行制度也是可见的，多个企业形成稳固坚定的战略同盟，通过组织游行或与政府进行协商、谈判的方式来表达企业的诉求，争取更多的利益。

第二章
我国企业对外投资趋势

近年来，在全球经济下行压力加大、贸易投资持续低迷、单边主义、贸易投资保护主义持续蔓延和新冠疫情冲击全球的大变局中，我国各级政府和社会各界以习近平新时代中国特色社会主义思想为指导，坚持稳中求进工作总基调，坚持新发展理念，持续推进更高水平对外开放，扎实推进"一带一路"建设，对外投资合作逐年取得新成效。

一、对外投资总量的变化

1. 我国对外投资直接流量变化

近年来，在国内外复杂多变的新形势下，我国对外投资合作在总体上保持着良好有序的发展。在投资结构、投资地区、行业分布、"一带一路"投资合作、对外承包工程规模等诸多领域呈现出新的发展态势。2010~2020年我国对外直接投资流量变化趋势如图2-1所示。

图 2-1 2010~2020 年我国对外直接投资流量变化趋势

由图 2-1 可以看出，2010~2016 年我国对外直接投资流量呈持续上升趋势，2016~2020 年我国对外直接投资流量则呈先下降后上升的趋势。

总体来说，近年来我国对外投资持续保持健康态势。在全球对外直接投资中，我国的影响力逐渐扩大，投资流量连续 6 年在全球占比一成以上。特别是在 2020 年以来，面对新冠疫情对世界经济的严重冲击，商务部等部门坚决贯彻落实党中央、国务院决策部署，紧密围绕构建新发展格局，统筹推进境外企业项目人员疫情防控和对外投资合作改革发展，鼓励引导我国有实力、信誉好的企业"走出去"积极参与国际竞争与合作。我国 2020 年的对外直接投资流量达到了 1537.1 亿美元，相比 2019 年增长 12.3%，首次实现流量规模位居全球第一。

联合国贸易和发展会议（UNCTAD）发布的《世界投资报告 2021》显示，2020 年全球对外直接投资流量 7399 亿美元，同比下降 39.4%，其中发达经济体对外直接投资 3471.6 亿美元，下降 55.5%，占全球流量的 46.9%；发展中经济体对外投资 3871

亿美元，同比下降 7.1%，占 52.3%；转型经济体 56.4 亿美元，占 0.8%。在此情况下我国对外直接投资却逆势增长，流量达 1537.1 亿美元，首次跃居世界第一，占全球份额的 20.8%。2010~2020 年我国对外直接投资流量占全球份额百分比的变化趋势如图 2-2 所示。

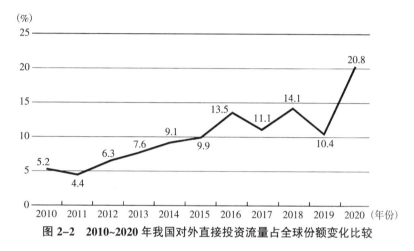

图 2-2　2010~2020 年我国对外直接投资流量占全球份额变化比较

2010~2020 年我国对外直接投资流量在全球位次变化如图 2-3 所示。

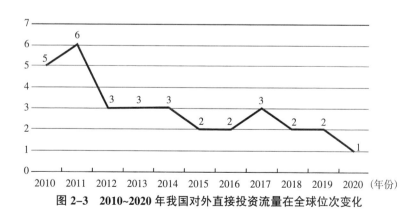

图 2-3　2010~2020 年我国对外直接投资流量在全球位次变化

由图 2-3 可以看出，自 2012 年开始，我国对外直接投资流量已经连续 9 年居全球前三，并且在 2020 年达到了全球第一。

2. 我国对外直接投资存量变化

从全球对外投资存量市场来看，我国 2020 年的对外直接投资存量为 25806.6 亿美元，相比 2019 年增加 3817.8 亿美元，是 2010 年末存量的 8 倍，在全球外国直接投资流出存量的占比由 2010 年的 1.6% 增长至 6.6%，排名从当年的第 17 位提升至第 3 位。2010~2020 年我国对外直接投资存量变化如图 2-4 所示。

图 2-4 2010~2020 年我国对外直接投资存量变化

2010~2020 年我国对外直接投资存量在全球位次变化如图 2-5 所示。

由图 2-5 可以看出，近年来我国对外直接投资存量在全球位次呈总体上升趋势，并自 2017 年起连续四年居全球前三。

3. 2020 年我国对外直接投资总量具体情况

从具体国家（地区）2020 年对外直接投资流量对比来看，2020 年我国对外直接投资净额排在首位，紧随其后的是卢森堡、日本和中国香港，2020 年对外直接投资额均超过 1000 亿美元。而全世界对外直接投资存量最高的美国，2020 年对外直接投资净额仅为 928.1 亿美元，屈居第四位。2020 年我国与世界主要国家（地区）流量对比如图 2-6 所示。

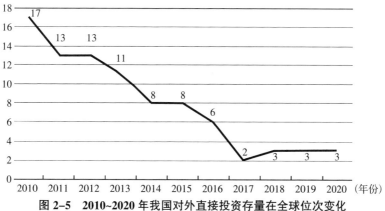

图 2-5　2010~2020 年我国对外直接投资存量在全球位次变化

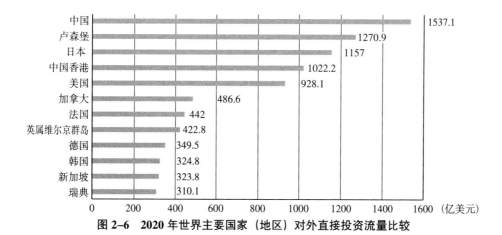

图 2-6　2020 年世界主要国家（地区）对外直接投资流量比较

从全球主要经济体对外直接投资存量占比来看，我国目前对外直接投资存量排名全球第三，仅次于欧盟和美国。欧盟对外直接投资存量约 134297 亿美元，占比超过 1/3，美国对外直接投资存量 81285 亿美元，占比 20.7%，我国相较于美国与欧盟地区仍具有较大差距。此外，英国、日本和加拿大以及中国香港对外投资存量占比也超过 5%。2020 年底全球主要经济体对外直接投资存量占比如图 2-7 所示。

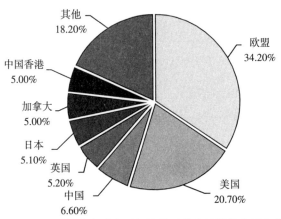

图 2-7　2020 年底全球主要经济体对外直接投资存量占比

从 2020 年我国对外直接投资流量、存量分类构成来看，当年我国对外投资净值中，新增股权投资 630.3 亿美元，占 41%；当期收益再投资 716.4 亿美元，占 46.6%；债务工具投资 190.4 亿美元，占 12.4%。而当年我国对外投资累计净值中，股权投资 14777.3 亿美元，占 57.3%；收益再投资 7860.4 亿美元，占 30.4%；债务工具投资 3168.9 亿美元，占 12.3%。2020 年我国对外直接投资流量、存量分类构成情况如表 2-1 所示。

表 2-1　2020 年我国对外直接投资流量、存量分类构成情况

单位：亿美元，%

指标 分类	流量			存量	
	金额	同比	比重	金额	比重
合计	1537.1	13.1	100.0	25806.6	100.0
金融类	196.6	-1.5	12.8	2700.6	10.5
非金融类	1340.5	14.6	87.2	23106.0	89.5

由表 2-1 可以看出，2020 年，我国对外金融类直接投资流

量 196.6 亿美元，同比下降 1.5%，其中对外货币金融服务类（原银行业）直接投资 121 亿美元，占 61.5%。非金融类直接投资流量 1340.5 亿美元，同比增长 14.6%；对外投资带动出口 1737 亿美元，同比增长 48.8%，占我国货物出口总值的 6.7%；境外企业实现销售收入 24028 亿美元，同比下降 4.3%。

2020 年末，我国对外金融类直接投资存量 2700.6 亿美元，其中对外货币金融服务类直接投资 1390.3 亿美元，占 51.5%；保险业 81.3 亿美元，占 3%；资本市场服务（原证券业）145.1 亿美元，占 5.4%；其他金融业 1083.9 亿美元，占 40.1%。我国对外非金融类直接投资存量 23106 亿美元，境外企业资产总额 5 万亿美元。

截止到 2020 年末，我国国有商业银行共在美国、日本、英国等 51 个国家（地区）开设 105 家分行、62 家附属机构，员工总数达 5.2 万人，其中雇用外方员工 4.9 万人，占 94.2%。2020 年末，我国共在境外设立保险机构 18 家。

总的来看，在全球疫情的大背景下，我国对外投资在我国政府的积极布局和领导下实现了直接投资流量逆势上涨，且对外直接投资流量在全球主要经济体中依然位列前茅；预计未来随着疫情的逐步控制，以及"一带一路"沿线国家和地区的投资合作不断加深，我国对外直接投资流量和存量都将进一步增长。

二、对外投资区域的变化

(一) 我国对外投资区域现状

自 2003 年商务部、国家统计局等权威部门发布我国对外直接投资年度统计数据以来，我国已连续九年跻身全球对外直接投资流量前三名。"十三五"时期，我国累计对外直接投资达 7881 亿美元，较"十二五"增长 46.2%，占全球比重连续五年超过一成，我国在全球对外投资中的影响力和地位持续提高，不断为世界经济增长注入巨大动力，充分体现了大国担当。

截至 2020 年底，我国 2.8 万家境内投资者在全球 189 个国家（地区）设立对外直接投资企业 4.5 万家，全球 80%以上国家（地区）都有我国的投资，年末境外企业资产总额 7.9 万亿美元。我国境外企业在全球各洲覆盖比率如图 2-8 所示。

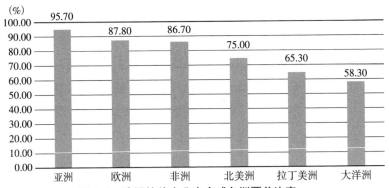

图 2-8 我国境外企业在全球各洲覆盖比率

由图 2-8 可以看出，我国境外企业在亚洲覆盖率最高，高达 95.7%；其次是欧洲，达到 87.8%；而我国境外企业在大洋洲覆盖比率最低，仅为 58.3%。

而从境外企业的国家（地区）分布情况看，我国在亚洲设立的境外企业数量超过 2.6 万家，占 58.5%，主要分布在中国香港、新加坡、日本、越南、印度尼西亚、马来西亚、韩国、泰国、柬埔寨、老挝、印度、缅甸、阿联酋等。我国在香港地区设立的境外企业数量最多，占总数的 30%，有超过 14000 余家境外企业，香港成为我国境外企业设立最活跃的地区。

在北美洲设立的境外企业超过 6000 家，占 13.5%，主要分布在美国和加拿大。我国企业在美国设立的境外企业数量仅次于中国香港。

在欧洲设立的境外企业超过 4600 家，占 10.4%，主要分布在德国、俄罗斯、英国、荷兰、法国、意大利、西班牙、白俄罗斯等。

在非洲设立的境外企业超 3500 家，占 7.9%，主要分布在埃塞俄比亚、赞比亚、尼日利亚、肯尼亚、坦桑尼亚、南非、加纳、安哥拉、乌干达等。

在拉丁美洲设立的境外企业超 3000 家，占 6.7%，主要分布在英属维尔京群岛、开曼群岛、巴西、墨西哥、秘鲁、智利、厄瓜多尔、阿根廷、委内瑞拉等。

在大洋洲设立的境外企业超 1300 家，占 3.0%，主要分布在澳大利亚、新西兰、巴布亚新几内亚、萨摩亚、斐济等。

2020 年末，我国境外企业各洲分布情况如表 2-2 所示。

表2-2 2020年末我国境外企业各洲分布情况

单位：家，%

洲别	境外企业数量	比重
亚洲	26166	58.5
北美洲	6031	13.5
欧洲	4655	10.4
非洲	3549	7.9
拉丁美洲	3015	6.7
大洋洲	1331	3.0
合计	44747	100.0

2020年末，我国设立境外企业数量前二十位的国家（地区）依次为：中国香港、美国、新加坡、德国、英属维尔京群岛、俄罗斯、澳大利亚、日本、越南、开曼群岛、印度尼西亚、马来西亚、加拿大、韩国、泰国、老挝、印度、英国、缅甸，合计超过3.4万家，占我国在境外设立企业总数的76.4%。

（二）我国对于各大洲直接投资变化

2012~2020年，我国对全球各大洲直接投资流量变化如图2-9所示。

由图2-9可以看出，近年来我国对亚洲地区直接投资流量变化最大，且呈总体上升趋势，其中2016年对亚洲地区直接投资流量较2012年增长一倍以上；而我国对其他地区直接投资流量则呈平稳发展趋势，其中除大洋洲外，我国对非洲、欧洲、拉丁美洲、北美洲直接投资流量总体呈上升趋势，而对大洋洲的直接投资流量则总体呈下降趋势。

2012~2020年，我国对全球各大洲直接投资存量变化如图2-10所示。

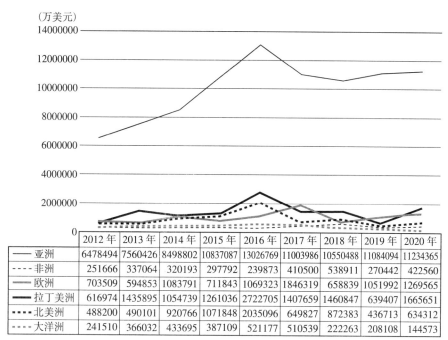

（万美元）	2012 年	2013 年	2014 年	2015 年	2016 年	2017 年	2018 年	2019 年	2020 年
—— 亚洲	6478494	7560426	8498802	10837087	13026769	11003986	10550488	11084094	11234365
----- 非洲	251666	337064	320193	297792	239873	410500	538911	270442	422560
—— 欧洲	703509	594853	1083791	711843	1069323	1846319	658839	1051992	1269565
—— 拉丁美洲	616974	1435895	1054739	1261036	2722705	1407659	1460847	639407	1665651
----- 北美洲	488200	490101	920766	1071848	2035096	649827	872383	436713	634312
----- 大洋洲	241510	366032	433695	387109	521177	510539	222263	208108	144573

图 2-9　2012~2020 年我国对全球各大洲直接投资流量变化

（万美元）	2012 年	2013 年	2014 年	2015 年	2016 年	2017 年	2018 年	2019 年	2020 年
—— 亚洲	36440706	44740828	60096561	76890132	90944547	11393237	12761343	14602215	16448940
----- 非洲	2172971	2618577	3235006	3469440	3987747	4329650	4610353	4439022	4339920
—— 欧洲	3697512	531656	6939987	8367897	8720192	11085468	11279692	11439386	12243189
—— 拉丁美洲	6821163	8609593	10611114	12634893	20715257	38689230	40677193	43604697	62987025
----- 北美洲	2550299	2860974	4795149	5217926	7547246	8690597	9634833	10022553	10001633
----- 大洋洲	1511407	1901712	2586425	3209171	3824056	4176327	4411078	4361255	4010677

图 2-10　2012~2020 年我国对全球各大洲直接投资存量变化

由图 2-10 可以看出，近年来我国对亚洲直接投资存量上升最快，2020 年末存量较 2012 年末增长超 3 倍，其次是拉丁美洲，2020 年末我国对拉丁美洲的直接投资存量是 2012 年末同一数据的 9 倍以上；此外，我国对其他各大洲直接投资存量增速较缓。

（三）我国对于"一带一路"沿线国家直接投资变化

截止到 2020 年末，中国境内投资者在"一带一路"沿线的 63 个国家设立境外企业超 1.1 万家，涉及国民经济 18 个行业大类，当年实现直接投资 225.4 亿美元，同比增长 20.6%，占同期我国对外直接投资流量的 14.7%，较上年提升 1 个百分点。从国别构成看，主要流向新加坡、印度尼西亚、越南、阿联酋、老挝、马来西亚、柬埔寨、巴基斯坦、俄罗斯等国家。

2013~2020 年，我国对沿线国家累计直接投资 1398.5 亿美元，各年份直接投资流量变化如图 2-11 所示。

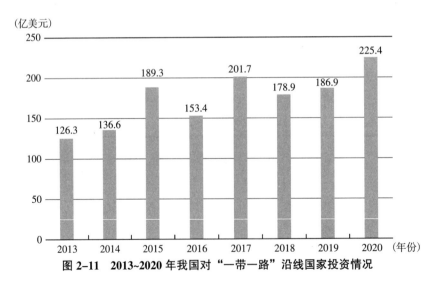

图 2-11　2013~2020 年我国对"一带一路"沿线国家投资情况

由图 2-11 可以看出，自 2013 年提出"一带一路"倡议以来，我国对"一带一路"沿线国家的直接投资流量呈逐年上升趋势。

而 2013~2020 年我国对"一带一路"沿线国家直接投资流量占我国对外投资总流量的份额变化如图 2-12 所示。

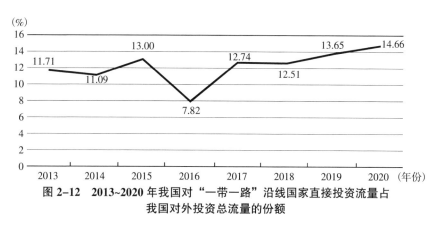

图 2-12　2013~2020 年我国对"一带一路"沿线国家直接投资流量占
我国对外投资总流量的份额

由图 2-12 可以看出，自 2013 年提出"一带一路"倡议以来，我国对"一带一路"沿线国家直接投资流量占我国对外投资总流量的份额变化整体呈上升趋势，仅在 2016 年单年份额少于 10%。

面对依然严峻复杂的外部环境，商务部将会同各相关部门深入贯彻落实党中央、国务院决策部署，统筹境外企业项目发展和安全，进一步做好境外企业项目人员疫情防控工作，防范化解各类风险，引导企业树立新发展理念，服务构建新发展格局，推动高质量共建"一带一路"走深走实。

总的来说，近年来我国对外投资主要以亚洲地区为中心，我国对亚洲地区的境外企业覆盖比率、直接投资流量、直接投资存量常年稳居第一。预计未来我国对亚洲国家、地区的投资将延续快速增长的态势。

随着"一带一路"倡议的继续贯彻深化，我国会继续加强对"一带一路"沿线国家和地区的投资力度，预计未来我国对"一带一路"沿线国家的直接投资流量将进一步增加，对"一带一路"沿线国家直接投资流量占我国对外投资流量的份额也将进一步增加。

三、对外投资类型的变化

（一）股权投资、收益再投资和债务工具投资

对外直接投资额指境内投资者在报告期内直接向其境外企业实现的投资，包括股权投资、收益再投资及债务工具三部分。

（1）股权投资：指境内投资者在其境外分支机构投入的股本金或在其境外子公司和联营公司的股份。

（2）收益再投资：指境外子公司或联营公司未作为红利分配但应归属于境内投资者的利润部分，以及境外分支机构未汇给境内投资者的利润部分；当期收益再投资等于报告年度境外企业资产负债表中按中方股权比例计算的未分配利润期末数与期初数的差额，当期利润再投资为负数记入当期负流量。

（3）债务工具：指境外子公司、分支机构及联营公司对境内投资者负债合计，包括境内投资者给境外子公司、联营公司和分支机构提供的贷款、应收和预付款项、债务证券等。境内投资者给境外成员企业间的贷款亦被纳入此范畴。

（二）2006~2020 年三种投资类型的变化

我国股权投资、收益再投资和债务工具投资的情况如图 2-13 所示。从图中可以看出，股权投资、收益再投资和债务工具 2006~2013 年基本处于稳步提升、稳中求进的趋势，三种投资方式占比存在较小的波动，但是基本相同，我国企业对外投资越来越便利，"走出去"政策促进体系、服务保障体系和风险控制体系建设不断完善，中国企业跨国经营实力日益增强。

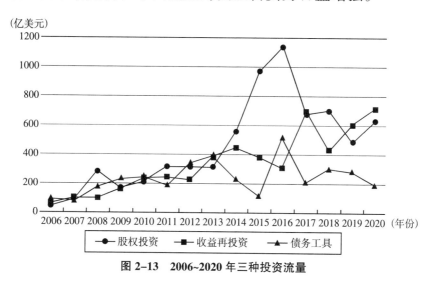

图 2-13　2006~2020 年三种投资流量

2014 年，三种投资方式占比开始出现分化，由于中国境内融资成本相比境外更高，所以我国企业倾向于先通过中国香港等地进行境外融资后，再进行对外投资。这种投资活动使境外企业收到境内投资主体直接提供的贷款不断减少，债务工具投资同比下降四成，开始出现以股权投资和收益再投资规模排第一、第二位，债务工具规模排第三位的趋势。2014 年以来，中国政府不断落实习近平总书记提出的"一带一路"倡议，推动"一带一路"建设的持续深化，对企业的扶持力度不断加强，积极帮助中国企业"走出去"，2014 年我国的对外直接投资净额中股权和收益再投资占比八成，其中股权投资占比近五成，有了大幅度的提升。

2015 年，随着中国加快推进"一带一路"建设和国际产能合作，不断完善对外投资政策体系，深入推进多双边务实合作，中国企业对外投资得到迅猛发展，对外投资流量首次位列全球第二位。这一年三种投资类型的规模进一步分化，收益再投资和债务工具投资的规模和占比下降，如境外企业对以往年度的未分配利润进行分配以及境外企业到期归还中国境内母公司贷款，其中债务工具投资创历史新低；股权投资延续 2014 年增长态势，中国企业积极并购投资，投资领域不断拓展，股权投资占比达到近七成。

2016 年，全球外国直接投资流出总额下降，中国深化"一带一路"建设，加大对外投资合作力度，我国对外直接投资保持高速增长，实现了对外直接投资流量 1961.5 亿美元的历史新高，同比增长 34.7%，蝉联世界第二。这一年，三种投资类型出现新变化，债务工具投资的规模和占比大幅攀升至第二位，收益再投资规模和占比持续下降至垫底。2016 年是中国企业对外投资并购最为活跃的年份，并购数量及金额创历史之最；股权投资增长速度放缓占比有所下降，总额达到最高点。

2017 年，习近平总书记在党的十九大报告中提出"高质量发展"，经济从量转换向质的增长。为防范风险，优化对外投资质量，促进对外投资的健康发展，中国政府加强对企业对外投资的真实性、合规性审查，减少市场主体不成熟和不理性的对外投资。这一年，我国对外直接投资首次出现负增长态势，对外投资流量为 1582.9 亿美元，仍然位列全球第三。这一年，股权投资和收益再投资是我国对外直接投资流量的主体部分，分别占比四成左右；股权投资和债务工具投资态势呈断崖式下滑，2017年中国境外企业的经营情况良好，超七成的企业盈利或持平，收益再投资为696.4亿美元，第一次超越股权投资，较2016年增长127%，占同期中国对外直接投资流量比重创历史最高，达到44%。

2018年，全球外国直接投资流出总额连续第三年下降，中国深入贯彻高质量发展，积极引导中国企业对外投资发展，进一步优化对外投资结构与质量，我国对外投资流量升至世界第二位。股权投资呈稳中有进的发展趋势，其规模和占比回升至三种投资类型的首位；收益再投资相比2017年大幅度下跌，占同期中国对外直接投资流量的29.7%；债务工具投资较2017年增长10个百分点。

2019年，世界经济增速降至2008年国际金融危机以来最低水平，中国对外投资净额1369.1亿美元，蝉联世界第二，同比下降4.3%。这一年收益再投资占同期对外直接投资流量的44.3%，占比创历史新高，规模和占比均超越股权投资；股权投资有较大降幅，同比2018年下降三成；债务工具投资为279.4亿美元，占20.4%，略有下降。2020年，受新冠肺炎疫情严重冲击，世界经济萎缩，自2009年以来首次负增长，全球货物贸易萎缩，外国直接投资较上年减少近四成。

2020年，以习近平同志为核心的党中央统揽全局，及时作出统筹疫情防控和经济社会发展的重大决策，有关部门贯彻落实党中央、国务院决策部署，统筹推进境外企业项目人员疫情防控和对外投资发展，2020年中国对外直接投资流量首次位居全球第一，达到1537.1亿美元。从三种投资类型来看，股权投资和收益再投资基本保持同步增长速度，收益再投资（新增留存收益）716亿美元，创历史最高值，占这一年中国对外直接投资流量的 46%。

（三）对外直接投资方式的变化

2013 年中国企业共实施对外投资并购项目 424 起，涉及 70 个国家（地区），中国企业海外并购额创新高，实际交易总额 529 亿美元。这一年，中国企业采矿业境外并购投资明显减少，且并购金额下降幅度大于开发金额下降幅度，显示出资金倾向于投入到已并购成功的项目上，境外投资正从并购阶段向后续开发阶段发展；制造业海外并购金额达到 73.2 亿美元，能源和电力仍然是中国对外收购的热门行业，与此同时，受国内制造业竞争压力加大和规避贸易壁垒的影响，国内制造业企业倾向于绿地投资、国外销售的对外投资方式；中国工程机械行业海外事业快速发展，我国大幅度提高工程机械产品技术水平，保持了较高的出口量。除了在扩大产品出口上下功夫外，我国实力较雄厚的企业如徐工、三一重工等继续以向海外兼并重组、技术输出、CKD 合作、发展海外合资企业、融资销售及租赁等方式进行国际化运作。中国汽车企业对外投资的主要方式包括绿地投资、海外并购（整车收购和零部件收购）、产品出口和技术转让等。

2014 年，中国政府进一步深化"一带一路"建设，中国企业共实施对外投资并购项目 595 起，同期增长约四成，涉及 69 个国家（地区），实际交易总额 569 亿美元。由于全球大宗商品市场低迷，采矿业并购金额同比下降 47.7%，但仍然保持首位。制造业并购 167 起，并购金额 118.8 亿美元，同比分别增长 29.5% 和 16.2%，其中电力企业投资方式日益多样，从最初的设备供货，到目前的 EP（设计—采购）、EPC（设计—采购—建设）、IPP（独立电站）、BOT（建设—运营—移交）、BOO（建设—拥有—运营）、PPP（公私合营）、海外并购、融资租赁等多种形式；钢铁行业积极对外出口的同时，也积极进行绿地投资和海外并购，当年中国钢铁企业第一次收购国际成熟商业公司；通信和工程机械企业对外投资发展迅猛，通过绿地投资设立大量海外企业，积极进行研发国际化，如华为、中兴在全球各地设立研发中心。

2015 年，中国企业对外投资并购保持活跃势头，实施并购项目 579 起，涉及 62 个国家（地区），实际交易总额 544.4 亿美元。从并购金额上看，制造业 137.2 亿美元，同比增长 13.4%，居首位。电力企业今年的投资方式有显著变化，海外并购减少，绿地投资和对外工程承包增多，电力设备和技术出口延续 2014 年的增长势头，金额同比增加约 153%。中国工程机械企业对外投资延续良好发展势头，在绿地投资和海外并购的基础上，发展研发国际化，如徐工集团以并购德国、荷兰两家零部件企业为基础，其欧洲总部的徐工集团欧洲有限公司新址启用暨徐工欧洲研究中心。

2016 年是中国企业对外投资并购最为活跃的年份，共实施完成并购项目 765 起，涉及 74 个国家（地区），实际交易总额 1353.3 亿美元。制造业 301.1 亿美元，同比增长 119.5%，居首位。汽车行业投资规模相比 2015 年出现较大幅度下滑，海外并购和绿地投资的增长势头出现分化：整车和零部件企业海外并购步伐大幅放缓，而绿地投资明显升温，规模和数量均超过海外并购。海外并购热度下滑在很大程度上源于传统投资主力国有企业步伐放缓，以及外汇管制和审核收紧影响了企业投资的信心。而绿地投资顺周期性特点明显，部分东道国经济回暖，加上"一带一路"国际合作的推动，使绿地投资热度回升。"一带一路"倡议为中国钢铁产业国际产能合作提供了更大的空间。

钢铁企业开展了海外矿产资源开发、绿地投资建厂、并购重组等投资。通信企业则继续积极设立海外分支机构和研发中心。

2017年中国企业对外投资并购依旧活跃，共实施完成并购431起，涉及56个国家（地区），实际交易总额1196.2亿美元。汽车企业开始在海外设立营销子公司，同时积极地投资设立国外产业园，实现产品在国外本土化生产，研发国际化和海外并购的力度继续加大；钢铁行业对外投资越发活跃，海外并购和绿地投资逐渐增多；工程机械企业通过对外投资已经跻身世界前列，产品出口保持较高水平，持续推进国际化创新，如进行绿地投资、海外并购、设立海外研发中心等。

2018年，中国对外投资并购稳步发展，并购项目433起（较上年增加2起），涉及63个国家和地区（较上年增加7个），实际交易总额742.3亿美元。当年制造业是中国对外直接投资第三大产业，通信企业中，中国电信、中国移动、中国联通、中兴和华为等公司对外投资依旧活跃，主要方式为设立子公司和办事处，海外机构和研发中心逐渐壮大；中国建筑企业对外投资发展前景随着"一带一路"建设的深入实施而越发广阔，企业积极承包对外项目的同时也通过并购扩展国际市场布局和优化业务结构。

2019年，中国企业共实施对外投资并购项目467起（较上年增加34起），涉及68个国家和地区（较上年增加5个），实际交易总额342.8亿美元，同比下降53.8%。中国钢铁企业的营销渠道建设、控制资源、绿地建厂和兼并收购稳步增加；通信企业利用技术优势、海外并购成功在"一带一路"国家扩大影响力；中国已成为全球工程机械产业制造能力、产品门类最完善的国家，企业通过增加海外子公司、研发中心和营销服务机构，在美国、欧盟、亚太等高端市场实现突破。

2020 年，随着新冠肺炎疫情暴发和地缘政治风险增大，中国企业跨国并购的交易金额和交易数量都出现了不同程度的下滑。并购交易总额为 464.1 亿美元，比 2019 年下降了 46.2%，并购交易数量为 530 宗，比 2019 年减少了 18.5%。2020 年末，中国境内投资者在"一带一路"沿线国家开展了大规模的投资活动，累计设立 10000 多家境外企业，中国企业对"一带一路"沿线国家实施并购项目 84 起，并购金额 31 亿美元。

总的来看，随着"走出去"战略的不断深化贯彻，2006~2013 年，三种投资类型都在稳步上升，规模和占比比较接近；2013 年习近平总书记提出"一带一路"倡议以来，政府为企业提供政策扶持和保障，地缘政治风险降低，企业积极进行海外并购和绿地投资，股权投资有了大幅度的提高；2017 年，习近平总书记在党的十九大报告中提出"高质量发展"，中国经济从量转换向质的增长，对外投资逐渐规范，结构逐渐合理，企业投资方式越来越丰富，从设备分包商逐渐做强做大，承包对外项目，扎根当地市场，积极拓展总包经营，通过并购获得外国资源，建立研发中心，建立产业园股权，投资热度下降，收益再投资稳步增加。2020 年以来，随着新冠肺炎疫情扩散蔓延全球和地缘政治风险增大，中国对"一带一路"沿线国家的投资仍将进一步加强。

第三章
我国企业在海外市场上的经营现状

　　近年来，在新冠肺炎疫情的严重冲击以及严峻复杂的国际形势下，一方面，受新冠肺炎疫情影响，全球经济衰退，贸易和投资大幅萎缩，加之欧美国家的贸易保护主义不断抬头和升温，"逆全球化"思潮暗流涌动，进一步加剧了全球市场的复杂多变和不确定性，给中国企业海外经营带来许多新的棘手问题；另一方面，随着新一轮科技和产业革命的孕育兴起，国际分工体系加速演变，全球价值链深度重塑，赋予经济全球化新的内涵，这些又为中国企业在全球范围内配置资源、促进中国企业"走出去"发展、推进国际区域经济合作提供了难得的战略机遇。在新的国际形势下，抓住机遇，趋利避害，占领国外新市场、新资源，更稳健和富有成效地实施中国企业海外发展战略，是国家经济结构调整和转型升级战略的重要组成部分。

　　我国在以习近平同志为核心的党中央坚强领导下，坚持"稳中求进"工作总基调，坚持新发展理念，持续推进更高水平对外开放，扎实推进"一带一路"建设，会同各地方、各部门全力以赴稳外贸，坚定不移促创新，广大外贸企业迎难而上、奋力拼搏，使中国对外贸易实现逆势增长、好于预期，发展新动能加快聚集，高质量发展取得新成效，对国民经济社会发展做出积极贡献，给世界经济贸易复苏带来了支撑和信心。

一、经营表现

受疫情影响，2020 年世界多国经济遭受较大冲击，国内生产总值与进出口贸易额均出现下滑。美国商务部数据显示，2020 年美国实际 GDP 下降 3.3%。其中，第一至第四季度 GDP 按年率计算分别为-5.0%、-31.4%、33.4%、4.3%。2020 年美国货物进出口贸易总额 38391.8 亿美元，同比下降 8.8%。其中，进口额 24075.5 亿美元，同比下降 6.2%；出口额 14316.4 亿美元，同比下降 12.9%。据欧盟统计局的统计，2020 年欧元区 GDP 下降 6.8%。2020 年前 11 个月，欧元区对外货物出口 19413 亿欧元，同比下降 10.2%；进口 17358 亿欧元，同比下降 11.6%；欧元区国家间货物贸易 16474 亿欧元，同比下降 9.7%。日本内阁府统计数据显示，2020 年日本 GDP 下降 4.8%，是 11 年来首次负增长，创下 1955 年统计以来第二大降幅。2020 年日本出口额比上年减少 11.1%。在如此严峻的背景下，我国企业海外经营虽也受到一定影响，但整体仍呈稳中向好之势。

2020 年我国货物进出口总额逆势增长，创历史新高，总金额达 46462.58 亿美元，比 2019 年增长了 1.5 个百分点（见表 3-1），占国际进出口市场份额的 13.1%，是全球唯一实现贸易正增长的主要经济体。在进出口总额中，出口总额占比 55.8%，为 25906.46 亿美元，较 2019 年增长了 3.6%，占全球货物出口贸易总额的比重为 14.7%，比上年提高了 1.5%，货物出口额在国际市场的占比增幅较为明显，货物贸易第一大国地位进一步巩固。

表 3-1 2015~2020 年中国货物进出口贸易情况

单位：亿美元，%

年份	进出口		出口		进口		差额
	总额	增速	总额	增速	总额	增速	
2015	39530.33	−8.0	22734.68	−2.9	16795.64	−14.1	5939.04
2016	36855.57	−6.8	20976.31	−7.7	15879.26	−5.5	5097.05
2017	41071.38	11.4	22633.45	7.9	18437.93	16.1	4195.52
2018	46224.44	12.5	24866.96	9.9	21357.48	15.8	3509.47
2019	45778.91	−1.0	24994.82	0.5	20784.09	−2.7	4210.73
2020	46462.58	1.5	25906.46	3.6	20556.12	−1.1	5350.34

资料来源：中国海关总署统计数据。

　　海外经营行业更趋丰富，商品结构持续升级。据《2021 年〈财富〉中国 500 强排行榜》显示，入围"世界 500 强"排行榜前 100 的中国企业涉及的行业有采矿业、建筑业、金融业、交通运输、仓储和邮政业、信息传输、软件和信息技术服务业等多个行业，行业类别丰富。从货物出口看，产品结构持续升级。2020 年，我国出口商品金额占比最大的为机电产品，出口 10.7 万亿元，增长 6%，占出口总值的 59.4%，较上年增加了 1.1%。其中，笔记本电脑、家用电器、集成电路、医疗仪器及器械出口分别增长 20.4%、24.2%、15%、41.5%。高新技术产品出口 5.4 万亿元，增长 6.5%，快于整体出口增速 2.5 个百分点，占整体出口的 29.9%。这一时段，以低成本为支撑的劳动密集型产品（主要是鞋帽、箱包、服装家具、玩具等）共产生 3.6 万亿元出口记录，上升幅度达 9.8%，占出口整体的 20.3%（见图 3-1）。值得注意的是，疫情发生以来，中国在保障国内抗疫需求的基础上尽己所能向 200 多个国家和地区出口防疫物资，2020 年 3~12 月，防疫物资出口高达 4385 亿元，其中全球抗疫使用的口罩及其纺织品类、医疗相关物资出口增长 31%，带动提升防疫相关产品出口额 1.9%, 同时为全球抗疫斗争作出重要贡献。

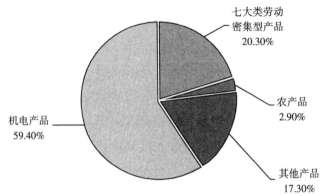

图 3-1　2020 年中国主要出口商品占比

民营企业业绩表现突出, 主力军地位更加巩固。2020 年全年, 国有企业的进出口贸易总额为 6657.2 亿美元, 占进出口贸易总额的 14.3%, 其中出口额为 2074.8 亿美元, 比 2019 年下降了 12.0%; 进口额为 4582.4 亿美元, 比 2019 年下降 14.7%。外资企业进出口贸易总额为 17975.9 亿美元, 占对外贸易总额的 38.7%, 其中出口额为 9322.7 亿美元, 同比下降 3.5%; 进口额为 8653.2 亿美元, 比 2019 年增长 0.9%。国有企业与外资企业进出口贸易总额均出现不同程度的下滑, 与之相对, 民营企业全年进出口总额为 21829.5 亿美元, 较上年增长了 10.4%, 占全国进出口贸易总额的 46.98%。由表 3-2 可以看出, 近五年来我国民营企业出口额均高于国有企业与外资企业, 居于首位; 进口额连续五年保持增长, 在全国进口总额中占比不断提高, 2020 年进口额为 7320.5 亿美元, 在进口总额中占比超过三成, 达 35.6%。截至 2020 年 12 月, 我国有外贸企业 53.1 万家, 比 2019 年的 50 万家增加了 3.1 万家, 增长率为 6.2%。入选 2020 年"最具价值全球品牌 100 强"的 17 家中国企业中, 民营企业有 11 家, 占比 64.7%。从进出口贸易金额、企业数量、企业质量等角度看，民营企业作为最大对外贸易主体的地位更加巩固。

表3-2　2016~2020年不同性质企业的对外贸易情况

单位：亿美元，%

年份	项目	出口		进口	
		金额	同比增长	金额	同比增长
2016	总额	20981.5	-7.7	15874.2	-5.5
	国有企业	2156.1	-11.0	3608.2	-11.4
	外资企业	9169.5	-8.7	7704.7	-7.0
	民营企业	9655.9	-6.1	4561.3	2.7
2017	总额	22635.2	7.9	18409.8	15.9
	国有企业	2312.3	7.3	4374.4	21.1
	外资企业	9775.6	6.6	8615.8	11.8
	民营企业	10547.3	9.2	5419.6	18.8
2018	总额	24874.0	9.9	21356.4	15.8
	国有企业	2572.6	11.1	5473.5	24.9
	外资企业	10360.1	6.0	9320.5	8.1
	民营企业	11941.3	13.2	6562.4	21.1
2019	总额	24990.3	0.5	20771.0	-2.7
	国有企业	2356.1	-8.4	5377.6	-1.8
	外资企业	9660.6	-6.8	8598.2	-7.8
	民营企业	12973.6	8.6	6795.3	3.5
2020	总额	25906.5	3.6	20556.1	-1.1
	国有企业	2074.8	-12.0	4582.4	-14.7
	外资企业	9322.7	-3.5	8653.2	0.9
	民营企业	14509.0	11.8	7320.5	7.7

资料来源：中国海关总署统计数据。

海外市场区域多元化程度逐年提高。截至2020年底，中国与全球124个国家和地区存在贸易伙伴关系，与澳大利亚、新西兰、新加坡、马尔代夫、瑞士、哥斯达黎加、智利、巴基斯坦、东盟、秘鲁、冰岛、韩国、毛里求斯、格鲁吉亚 14 个国家和地区签订了自由贸易协定。从海外市场国别或地区分布情况来看，东盟首次超过欧盟成为中国企业最大海外市场。2020 年，我国对东盟的进出口贸易总额达 47357.4 亿元，同比增长 7%，占全国进出口总额的 15%。欧盟为第二大海外市场，我国对欧盟进出口总额为 44957.7 亿元，同比增长 5.3%，占全国进出口总额的 14%。美国为第三大海外市场，我国对美国进出口总额为 40597.7 亿元，同比增长 8.8%，占全国进出口总额的 13.0%。第四大海外市场是日本，2020 年我国对日本进出口贸易额为 21973.1 亿元，同比增长 0.8%，占全国进出口贸易额的 7%。此外，我国对"一带一路"国家进出口贸易额占全国进出口贸易额的 29.1%，较上年下降了 0.3%，但贸易额绝对值较上年增长了 1%，达 93696 亿元。尤其对沙特阿拉伯、土耳其、埃及、波兰、新西兰等部分"一带一路"沿线国家出口增长较快，分别增长 18.4%、18%、12.1%、12.4%和 5.9%。

2020 年，中国对主要贸易伙伴进出口额及占比如图 3-2 所示。

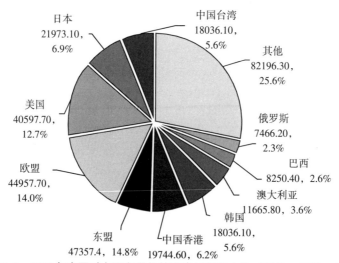

图 3-2　2020 年中国对主要贸易伙伴进出口额及占比（单位：亿元，%）

中国企业海外并购热度下降。疫情在国外的肆虐和各国贸易保护主义的抬头严重打击了中国企业的海外并购活动。在《2020 年中国企业并购市场回顾与 2021 年前瞻》中提及，2020年中国内地企业海外并购数量 403 起，比 2019 年下降了 39.6%；海外并购金额为 420 亿美元（见图 3-3），较上年下降了 27.6%。并购交易数量与金额都跌至 2015 年以来的最低值。从跨国并购的行业分布来看，2020 年中国企业海外跨国并购金额前五位分别为数字新媒体产业、消费品行业、先进制造与运输业、电力与公用事业、金融服务业，并购交易金额分别为 168.5 亿美元、53.9 亿美元、47.2 亿美元、44.5 亿美元和 44 亿美元。从跨国并购的区域分布来看，中国企业较为倾向于并购亚洲与欧洲公司，2020 年中国内地企业在亚洲与欧洲的跨国并购交易数量分别为128 起、129 起，共占 2020 年全年跨国并购总数的 63.8%；在亚洲与欧洲的跨国并购交易金额分别为 82 亿美元、209 亿美元，分别占跨国并购金额总数的 19.5%、49.8%。

图 3-3　中国企业海外并购交易数量与交易金额

中国企业对外承包工程数量与金额出现回落。受新冠肺炎疫情影响，我国海外劳务人数出现大幅下降。2020年我国对外承包工程年末在外人数273434人，对外劳务合作派出劳务人数162334人，对外劳务合作年末在外人数349752人，分别较上年下降25.7%、41.2%、44.0%。在外出劳务人数较大下降的背景下，我国企业对外承包合同工程9933份，对外承包工程合同金额2555.36亿美元，对外承包工程完成营业额15593516万美元（见表3-3），分别下降16.8%、1.8%、9.8%。其中，中国企业在共建"一带一路"国家和地区新签的对外承包工程项目合同额为1414.6亿美元，占2020年新签合同总额的55.4%，相对于2019年下降8.7%；合同完成额为911.2亿美元，占2020年合同完成总额的58.4%，比2019年下降了7%。

表3-3 2017~2020年对外承包合同及劳务人数

指标	2020年	2019年	2018年	2017年
对外承包工程合同数（份）	9933	11932	10985	22774
对外承包工程合同金额（亿美元）	2555.36	2602.45	2418.04	2652.76
对外承包工程完成营业额（万美元）	15593516	17290137	16904403	16858661
对外承包工程年末在外人数（人）	273434	368063	390719	376827
对外劳务合作派出劳务人数（人）	162334	276012	265000	300249
对外劳务合作年末在外人数（人）	349752	624077	606102	602342

资料来源：国家统计局。

二、环境表现

　　目前新冠疫情仍在全球肆虐，受疫情影响，世界各国经济发展不平衡不稳定的现象进一步加深，国际供应链和产业链布局或将产生重要调整，我国企业的跨国贸易业务环境更为复杂。当前海外贸易环境主要呈现出经济复苏面临挑战、疫情防治发展存在不确定性、主要经济体出台宽松政策、全球供应链布局重塑等几个特点。美国方面，随着疫苗广泛接种和经济刺激计划出台，美国经济加速回暖，消费和企业投资大幅增长。美国商务部数据显示，2021 年第一季度美国 GDP 环比折年率初值为 6.4%，同比增长 0.4%。欧洲方面，欧盟委员会 5 月发布 2021 年春季经济预测，上调 2021 年欧盟和欧元区经济增长预期分别至 4.2% 和 4.3%，经济增长前景显著改善。日本方面，疫苗接种进展缓慢，全国紧急状态期限延长，经济复苏乏力。日本内阁府 2021 年 5 月的统计结果表明，第一季度实际 GDP 环比下降 1.5%，折算为年率下降更是高达 5.1%。很多发展中国家和新兴经济体面临着疫苗短缺、政策扶持力度不够、需求持续走低等困难。还有一些经济体更是面临着资本外逃，货币贬值和国际收支失衡等挑战，形势不容乐观。这体现了全球各国经济发展的不平衡性。发达国家的经济增长是由于美国、日本等主要经济体延续超宽松宏观政策，这些举措或将使世界经济产生金融市场表现与实体经济背离的潜在风险。全球的产业链和供应链在疫情的冲击下将加速重构，而各国的单边主义、保护主义和内顾倾向将持续加剧，原来单纯追求效率，而现在要兼顾效率和安全。产业链和供应链向短链化、本土化、区域化转变。联合国贸发会议（UNCTAD）发布报告显示，2020年全球外商直接投资是近十五年来最低，金额仅有8590亿美元，比2019年直接减少42%。预计2021年全球FDI将下滑5%~10%。

2021年前4个月中国与前四大贸易伙伴进出口额如图3-4所示。

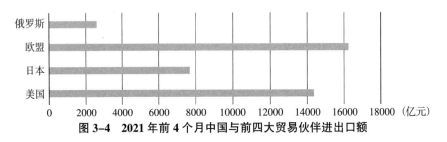

图3-4　2021年前4个月中国与前四大贸易伙伴进出口额

在如此错综复杂的环境下，我国经济依然处于稳步恢复的状态，逆势发展出推多项促进跨境电商等新业态发展的有利举措，为复苏世界经济提供有力支撑。当前，中国外贸经济呈现稳定恢复态势，稳中加固、稳中向好。

2021年1~4月，在进出口方面，中国在这两年平均增长10.6%，总额增长28.5%。其中包含6.3万亿元出口总额，相较2020年提升33.8%，两年平均增长11.8%；进口5.3万亿元，增长22.7%，两年平均增长9.2%；贸易顺差1.0万亿元，扩大147%。以美元计，进出口总额1.8万亿美元，增长38.2%，两年平均增长13.1%。其中，出口9737亿美元，增长44%，两年平均增长14.4%；进口8157.9亿美元，增长31.9%，两年平均增长11.6%；贸易顺差1579.1亿美元，扩大171%。

由于中国创新能力持续加强，从主要经济指标中显示中国经济整体形势稳定，保持着一个正向的长期发展态势。与此同时，我国努力提升对外贸易创新能力。全国在平台建设、主体培育、商业模式整合、商业环境优化等方面继续发挥积极作用，有力推动外贸创新发展，全面提升外贸服务能力，构建新的发展模式。新型贸易方式不断发展，2020 年新设 46 个跨境电商综合试验区，新增 17 个全国市场采购贸易方式试点（总共增至 31 个），外贸综合服务企业努力为中小型外贸企业提供服务支持，创新性的离岸贸易为外贸增长开辟出广袤空间，加工贸易保税维修为带动高质量就业、引导产业聚集发挥重要作用，超 1800 个海外仓成为支撑跨境电商发展、拓展国际市场的新型外贸基础设施。新设 10 个国家进口贸易促进创新示范区，覆盖东中西部和东北老工业基地，发挥了示范引领作用。全国 28 个省、市（区域）全面深化服务贸易创新发展试点，探索形成了一批制度创新性强、具备推广价值的案例做法。

稳外贸政策多措并举。2020 年 8 月，国务院办公厅印发《关于进一步做好稳外贸稳外资工作的意见》，提出 15 项相关政策措施。10 月，印发《关于推进对外贸易创新发展的实施意见》，聚焦构建新发展格局，培育新形势下参与国际合作和竞争新优势。2020 年以来，国家多次就出口退税、出口信用保险、出口产品转内销等方面颁布新政策，目的就是为了稳定外贸局势。同时，各个地方也紧跟步伐帮助外贸型企业走出困境，大幅增强市场信心。

外贸企业在有利营商环境中借力发力，改变传统的营销思维，利用大数据精准营销、B2B 平台、线上推广等方式，向数字化转型提供新的增绩创收。产品研发方面，持续加大研发投入，提升出口产品的技术含量和附加值，不断向价值链上游攀升。"软实力"方面，聚焦提升供应链管理、品牌打造、专业服务、品质控制和售后服务等综合能力，打造新的核心竞争力。经过经贸摩擦和疫情冲击等重大考验，中国已经培育出一大批具有国际竞争力的行业、企业和有国际视野的企业家队伍，积累了开拓市场和国际化经营的宝贵经验，将在未来外贸整体发展中发挥引领带动作用。

在生态环境方面，各国纷纷重视气候变化问题，多个国家和地区提出了碳中和的长期愿景，各国纷纷采取应对气候变化的积极行动，促进世界经济增长模式向低碳化转型，为世界经济带来新的发展机遇，产业绿色低碳发展、能源结构调整、绿色低碳技术突破，气候投融资体系和绿色金融体系构建等领域具有广阔的发展前景。2021 年 1 月 20 日，美国总统拜登签署行政令宣布美国将重返《巴黎协定》，落实《清洁空气法》，提出到 2035 年实现无碳发电，2050 年达到碳中和。欧盟将低碳经济作为经济发展的重要目标，计划到 2050 年实现碳中和。然而全球气候治理相关体制机制尚不成熟，技术研发创新力度不够，技术应用转让壁垒仍然较高，发展中国家资金缺口较大、生产方式粗放、低碳技术落后，都将阻碍全球应对气候变化进程。

作为世界上最大的发展中国家，中国致力于实现全球最高碳排放强度降幅。2019 年 4 月 26 日，习近平主席在第二届"一带一路"国际合作高峰论坛开幕式上的主旨演讲中提出，将共建"一带一路"生态环保大数据服务平台，持续做好绿色使者角色，并和有关国家携手合作，共同开展"一带一路"应对气候变化的一系列计划。目前，中国已将碳达峰、碳中和列为国家重大战略项目，无论政府层面还是企业层面都积极响应并不断推动相关工作。

2016 年，中国正式开展 10 个低碳示范区、100 个减缓和适应气候变化项目及 1000 个应对气候变化培训名额的"十百千"项目。截止到 2019 年 9 月，中国在该方面取得显著成果，其中已与其他发展中国家签署 30 多份气候变化南南合作谅解备忘录。"一带一路"绿色倡议旨在帮助发展中国家主动积极地应对气候变化。近年来，中国在可再生能源方面高速发展。根据国际可再生能源机构（IRENA）发布的数据，2020年全球可再生能源新增装机容量达到2600亿瓦特，比2019年增长了近50%，其中光伏新增装机容量为1270亿瓦特，增长22%。中国光伏新增装机容易为482亿瓦特，连续8年居世界首位。

三、社会表现

随着我国对外投资经营规模的扩大，中国企业在海外的影响力越来越高，其社会效应也随之提升。跨国企业对外经营中，存在经验不足、对当地文化及法律等了解不透彻等原因，从而出现较多的劳资纠纷。例如，在拉美地区，工会组织在企业中有着强大的影响力，这一情况与我国企业依赖政府解决问题的事实就难以融合，中国企业在拉美国家营商就需要加强工会组织建设，通过工会协调劳资关系。1992年首钢集团高价购买濒临倒闭的秘鲁国有铁矿公司98.4%的股权，开创了我国大型钢铁公司成功收购海外大型矿产企业先河。

但随着我国跨国企业海外履责意识的加深与在海外履责信息披露、民主管理、员工职业健康管理、环境保护、诚信经营和社会融入等方面的积极表现，近年来，我国跨国企业海外经营的负面报道逐渐减少。具体到海外履责方面，《中央企业海外社会责任蓝皮书（2018）》揭露央企高度重视"走出去"的安全风险管理。近年来，央企高度注重海外运营过程中员工的身体健康及安全生产建设，99%的企业未发生重大安全生产事故。同时中央企业尽可能雇用当地员工，解决当地就业问题。有调查显示，中央企业共雇用 36 万余当地居民，缓解了劳务压力。在海外雇用方面，中央企业在平等培养和晋升、薪酬和福利等方面建立平等雇用制度。与此同时，我国企业还积极参与海外公益事业建设。有报告揭露，将近 85% 的中央企业已逐步将海外捐赠进行制度化，表明越来越多的中央企业对海外进行制度常态化管理。在东道国的持续发展方面，2016~2018 年，97% 的中央企业在"一带一路"沿线运营过程中，不曾因环境问题被当地媒体报道，还有 2% 的中央企业被当地媒体正面报道，并予以高度评价。

我国企业的国际形象好转更得益于"一带一路"倡议。"一带一路"倡议自 2013 年被提出以来，距今已有 9 年时间。在这 9 年时间里，我国的企业借助"一带一路"倡议在国际市场上树立了自己良好的形象。据我国商务部数据显示，中国已经与 138 个国家和 31 个国际组织共签署 201 份共建"一带一路"合作文件，共同开展了 2000 多个项目。中国在建设和参与"一带一路"的过程中，一方面推动了"一带一路"沿线国家的经济发展，为"一带一路"沿线国家的消费者提供了诸多来自中国的商品，极大地刺激和带动了沿线国家的经济消费，并得到了沿线国家的积极反馈和认可，有数据显示，"一带一路"沿线国家的民众都已普遍认识到与中国建立互信友好的双边合作关系的重要意义；另一方面中国通过"一带一路"，向全球各国展示了一个大国的格局和责任，并向全球其他国家传播了中国的文化、价值观，让全球其他国家对中国有更深入的了解和认识。"一带一路"建设，逐渐使得沿线国家认识到国家之间的互信合作的重要性，在一定程度上打破原先国与国之间相互猜忌、诋毁的关系，促进了全球经济一体化的快速发展。

此外，中国经济发展带来的积极国际效应成为共识。在

《2020 年度中国企业海外形象调查分析报告》中，超七成受访者认可中国经济发展给全球和地区经济发展带来积极影响。其中，泰国受访者的积极评价高达 90%。七成半受访者关注"一带一路"建设，最认可推进沿线国家间经贸合作和加强基础设施联通方面带来的积极作用。2020 年前三季度，中国与"一带一路"沿线国家贸易进出口总额 9634.2 亿美元，中泰铁路、雅万高铁、巴基斯坦拉合尔轨道交通橙线项目等重大项目取得重要进展。在全球经济衰退的大背景下，中国企业在"一带一路"建设中不断履约践诺，受到了沿线国家民众的积极肯定。我国企业的海外经验不仅给当地带来了经济增长，在履行社会责任、推动对象国可持续发展方面，受访者也对中国企业给予了积极评价。调查显示，"一带一路"沿线国家受访者对中国企业助力本国减贫评价认可度较高的方面是："改善本国基础设施"（56%）和"为本国教育、医疗、卫生发展提供支持"（55%）。分国家来看，泰国、印度尼西亚、巴基斯坦、沙特阿拉伯、塞尔维亚和埃及受访者对中国企业助力本国可持续发展的评价整体高于其他受访国家，超过六成的受访者对中国企业"为本国教育、医疗、卫生发展提供支持""在同本国的合作中，积极探索可持续发展路径，增强本国发展动力"和"改善本国基础设施"方面给予积极评价。中国企业整体形象较好，建议通过加强与当地民众的人文交流提升企业形象。"一带一路"沿线国家受访者对中国企业在责任、公平、可信、成功四个维度表现的整体认可度都较高，选择比例分别为 76%、77%、77%、81%。

　　在公共卫生方面，《中央企业海外社会责任蓝皮书（2021）》显示，截至 2021 年 6 月，82% 的中央企业向境外员工和所在社区开展自我防护、疫苗接种宣讲；76% 的中央企业向东道国提供新冠疫苗、口罩、防护服等防疫物资以及协助合作伙伴、产业链、项目所在地社区开展防疫管理。作为中国本土跨国企业之一的中国医药集团有限公司不仅承担供应中国计划免疫疫苗的重任，同时也为全球消灭传染病计划提供有力保障。其研发生产的疫苗已出口至亚洲、非洲、南美洲等的 20 个国家，惠及数亿儿童。2019 年 1 月，联合国儿童基金会采购的国药集团中国生物生产的口服 I 型 III 型脊髓灰质炎减毒活疫苗（人二倍体细胞）运往南苏丹。该疫苗在国内和国际的供应一直处于紧张状态，此次 48 万剂次疫苗不仅为南苏丹儿童提供免疫保护，也是中国研制的脊髓灰质炎疫苗第一次真正加入到全球消除脊灰行动计划中，为全球消灭脊髓灰质炎行动计划的实施提供了有力保障。

尽管在我国跨国企业的海外形象建设上取得了喜人的成果，但中国企业在海外发展也面临一些挑战，《中央企业海外社会责任蓝皮书（2018）》指出，中央企业海外责任管理主要有三大不足：一是海外分支机构社会责任管理体系薄弱，有 36% 的中央企业尚未建立社会责任管理体系；二是信息披露有待加强，不定期发布海外社会责任报告和国别报告的中央企业占比仅为 22%；三是缺少专业组织和人才服务，在制约中央企业海外履责的因素中，有 75% 的中央企业认为是缺乏专业组织与人才服务，有 70% 的企业认为是缺少海外履责理论指导和实践支持，有 50% 的中央企业认同针对海外业务负责人在环境和社会问题上的考核机制不健全。此外，在当前新冠疫情肆虐和全球经济持续低迷的情况下，世界正在经历新一轮大发展大变革大调整。当前经济全球化遭遇逆流，单边主义、贸易保护主义抬头，世界地缘政治热点此起彼伏，世界面临的不稳定性和不确定性更加突出，中国企业国际化发展面临巨大压力。从国际上有关中国企业的舆论看，在美国加大对中国国际传播机构打压的情况下，国际传媒生态更加复杂严峻，中国企业国际传播面临的挑战加大。

第四章
我国企业海外市场产业链布局

一、国家整体的海外市场产业链布局

海外市场是我国开放型经济的关键影响因素，是推动我国
GDP 发展的重要力量，是构建我国经济新发展格局的核心部分。
但随着新冠疫情的长远影响，国际市场产品流通受到阻碍，经
济发展逆全球化，产业链、供应链不稳定性增强，我国企业海
外市场发展面临新挑战。为推动企业海外市场高质量发展，顺
利度过当前经济发展的爬坡过坎阶段，我国整体的海外市场产
业链布局呈如下形势。

（一）推动绿色贸易发展

打造绿色贸易发展平台。疫情导致停工停产、物流阻滞等
影响引起了全球供应链紧张甚至中断，在保护主义、单边主义
等逆全球化主义的恶意影响下，供应链对抗加剧、韧性受损，
对新兴经济体国家的发展产生了不利影响。尽管如此，世界各
国一致认识到促进全球绿色发展的必要性。中国坚持绿色投资

发展理念，倡导绿色、低碳、可持续的产业发展，促进国家经济技术开发区、加工贸易产业园等国际性平台绿色转型，实施以绿色发展为导向的评估体系，打造高质量、高层次的绿色贸易平台，引领绿色海外合作，建设绿色丝绸之路。

营造绿色贸易环境。制造业向低碳环保方向转型升级是绿色发展的主体，中国积极发展绿色能源项目，严格管控煤炭、电力等高污染产品向国外出口，引导地方努力开发清洁能源项目，开发绿色技术、建设绿色工厂、建设绿色园区、发展绿色贸易企业、构建绿色供应体系。为加强和促进"一带一路"沿线国家和地区的绿色经济发展，深化绿色低碳生产技术、设备和服务合作，增强环保意识和绿色经济，采取积极措施消除贸易壁垒。

（二）推动贸易数字化

探索和发展数字贸易多元化业态模式。目前，全球制造业正迅速进入数字时代，数字经济的融入对产业链发展产生了极为深远的影响。为此，中国在以数据安全优先的前提下，加快完善管理制度和监管体系，保障数据运输安全，强化大宗货物跨境运输监管。同时准备试点提出数据跨境流动规则的"中国方案"，搭建数字经济制度基础。此外，建设并完善具有影响力的数字外贸服务平台，试点对外数字贸易示范区，加强数字商业领域国际合作。

加快贸易全产业链数字化赋能。依托互联网平台，带动海外制造业提升智能制造水平。建立云端展览会及其他网络平台，促进数字化营销。加快智能港口建设，搭建具备"中国理念"的跨境智慧仓储数字物流体系。推进数字工具应用，优化售后服务，如跨境支付、信贷保险等业务的在线场景应用，引入智能诊断、远程指导等线上售后服务模式。实现区块链技术与对外贸易的深度融合，提升服务和监管效率。

稳步推进跨境综合电子商务试验区建设。拓展跨境电商全球布局，实现跨境交易全流程探索创新，建设跨境电商全球大市场，建立重视品牌建设与客户需求的跨境营销体系，促进跨境电商进出口基地等基础设施建设。营造跨境电商发展氛围，促进国内国际双循环连通，深化国际合作，推动企业加强海外产业链建设，倡导其他国家共同进行相关秩序制定。

（三）强化国际物流保障

构建连接国内外物流的可靠高效的国际物流网络。搭建一批海、陆、空物流枢纽，发挥其在物流中的规模集成效应。打造以铁路、港口、管网、航运为基础的海陆空国际贸易新渠道，构建海陆空一体化国际物流新格局，为企业提供多元化物流解决方案。

拓展国际物流交易市场。高水平推进中新（重庆）战略性互联互通示范项目。鼓励地方政府建立跨境商品分销中心。完善跨境物流保障机制，制定运输、物流、港口、码头等进出口环节经营行为的规范标准，推进多式铁路联运运单物权化。升级国际贸易平台。创新发展中非经贸博览会、中俄博览会、中—加（加勒比）经贸合作论坛等展会或合作论坛等平台作用，构筑多渠道、多层次的跨境智慧物流平台框架。落实政企合作机制，促进沿线各国政策沟通，推动电商及对外贸易合作路径构建。支持建设地方经贸合作示范区，不断适应变化的国际贸易环境，加深与联合国等国际机构合作，推动更多公共卫生和社会民生项目落地。

推进海外仓发展。中国现阶段海外仓发展迅速，但仍处于初步发展阶段，对国际贸易发展的支撑力有限。为此，中国鼓励引导多元主体搭建多类型海外仓，如公共海外仓、共享海外仓等，支持培育一批数字化、智能化、创新化的综合跨境智慧海外仓，敦促其向全产业链、供应链综合服务商转变。加快推动相关制度的创新与完善，为海外仓服务提供"中国标准"。抢抓 RECP 协定机遇，扩大海外仓市场份额，探索建立覆盖全球、协同发展的新型智慧物流体系，打造优化国际产业链布局的智慧载体。

（四）产业集群安全与升级

加快外贸转型升级。以本国企业为主导的多元化产业集群为平台，以重大项目为契机，加强与先进国家的产业链合作，完善配套产业，打造相辅相成、互惠互利的新型外贸企业集群。指导地方加快推进政企合作机制，营造有助于创新因素集合的环境，搭建研发—检测—营销—物流等方面的国际公共服务平台，完善全流程服务保障体系。同时推动海外生产性企业全产业链数字化转型，提升境外企业综合竞争力。

保障粮食、能源和资源安全。迅速落实粮食进口来源多元化，增强国家掌控各个贸易流通环节及关键节点的安全能力。发展技术创新，支持我国农业企业嵌入国际农业行业中上游产业链。例如，帮助非洲国家开展智慧农业建设，科学选育良种增加粮食产量；与埃及合作研发智能灌溉技术，促进沙漠农业发展等。积极参与全球粮食农业问题管理整治，加强能源资源产业跨境合作。推动食品、纺织、服装、造纸等传统劳动密集型产业转型升级，建筑、汽车、电力等资本密集型产业绿色发展，在更高层次上参与国际合作。

二、主要省份的海外市场产业链布局

"一带一路"倡议受到周边国家的支持和认可，通过政策沟通、设施互联、贸易畅通、金融一体化、人文纽带，让世界更加了解中国，中国也在世界舞台上发挥了更大作用，努力实现"人类命运共同体"。"一带一路"建设带动了中国各地区的协调协同发展。最终版规划聚焦18个省份，明确了各省份在"一带一路"中的定位以及对外合作方向。从内陆到沿海，从西南到东北，全国各省、自治区、直辖市纷纷出台相关计划，积极实施，结合自身优势发挥才能，在"一带一路"倡议的框架下，推进大开放大开发。以下是国内主要省份海外市场的产业链结构分析。

（一）新疆的海外市场产业链布局

习近平主席提出"一带一路"倡议后，新疆维吾尔自治区党委政府深远构思、全力推进，着力发挥新疆在"一带一路"中的优势。2014年3月，新疆被国家确定为丝绸之路经济带境内段核心区。

当前，新疆顺应新时代发展，充分利用地理优势，发挥西部开放的重要作用，加强与亚洲各国家及地区的合作，全力打造"五个中心"（见图4-1），将"三基地"作为支点支撑"一通道"主线发展。构建政治互信、文化融合、共建共赢的命运共同体，共同推进政治、经济、人文融合，达到互联互通新水平，推动双边开放合作，全方位构建对外的新局势。

• 坚持规划引领，完善了核心区建设政策措施，先后发布实施了商贸物流中心、医疗服务中心、文化科教中心、交通枢纽中心、区域金融中心等专项规划。

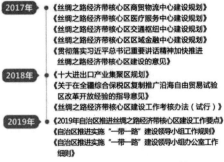

图 4-1 新疆五大中心建设相关政策

为了使新疆在"一带一路"中的建设更加出色，其建设目标分为短期、中期、长期三个阶段。短期内需要三到五年实现基础物资铺设目标，并为中、长期的目标打好基础。中期目标是加快"五个中心"建设，争取取得阶段性进展，同周边国家加强和深化互动。长期目标是立足"一带一路"工作成果，在原有基础上继续落实，实现新疆贸易投资便捷、自由化，最后全面建成新疆的五大中心，三基地，一通道。

作为核心区，新疆承担两大重要任务：一是建立有效的政策体系。构建丝绸之路经济区核心，既要充分发挥新疆独特的地理优势，又要加强政策支撑，全面推进核心区建设。与此同时，将新疆彻底融入"一带一路"倡议的各项规划，紧跟时代，实事求是。二是基础设施建设互联互通。在"一带一路"倡议的要求下，交通枢纽是至关重要的环节。只有完善交通枢纽，才能实现各领域互联互通。除海、陆、空等常规交通枢纽外，信息网络建设也至关重要。通过基础设施联通，实现新疆核心区和"一带一路"周边国家的互联互通。以乌鲁木齐为核心，构建畅通无阻的立体交通运输网络，推动周边交通设施的建设。

(二) 福建的海外市场产业链布局

福建省作为"一带一路"建设的重要组成部分，近年来积极实行开放策略，并与东盟、美国等组织和国家建立合作关系，取得了一定的成就。以东盟为例，自2010年中国—东盟自由贸易区正式开放以来，福建与东盟的贸易发展势头良好。福建政策环境相对稳定、地理位置良好、移民来源充足、双边贸易及关税政策优惠互利，为拓展福建省与东盟的经贸关系提供了强力保证，福建的对外贸易额也在稳步增长。

图4-2显示，2020年福建省进出口额在东盟地区的增长速度相对稳定，进出口额在所有国家和地区中最高，出口额为1819.36亿元。东盟是福建的第一贸易伙伴。

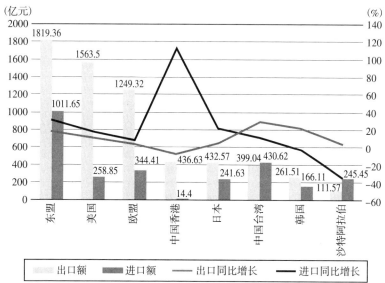

图4-2　2020年中国福建省对"一带一路"沿线国家和地区进出口情况
资料来源：2020年福建省国民经济和社会发展统计公报。

图4-3显示了2015~2020年福建省对东盟的进出口情况。

从图中可以发现，2015~2020年，福建省对东盟的进出口总额稳步增长，发展良好。2015~2020年，进出口总额从1529.47亿元增长到2831.01亿元，增长率为85.1%。其中，2016~2017年，进出口总额增长幅度较大，其中出口额增长率达到7.2%，进口额增长率为41.1%。

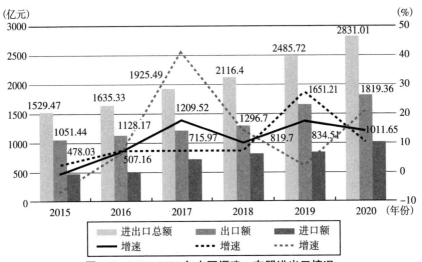

图4-3　2015~2020年中国福建—东盟进出口情况

资料来源：相关年份福建省国民经济和社会发展统计公报。

从贸易方式看，一般贸易是福建和东盟间的主要贸易方式。从表4-1中可以看出，各种贸易方式所占的份额是波动的，但仍然集中在一般贸易。从2018年开始，加工贸易的贸易总值逐年下降，从2017年的46.78亿美元下降到2020年的31.03亿美元，跌幅很大。加工贸易的占比也从16.45%降至7.58%。虽然目前加工贸易一直处于下滑态势，不过可以推断加工贸易的下滑在一定程度上也和2020年新冠肺炎疫情的全球扩散密切相关。

（三）东三省的海外市场产业链布局

东北地区对域内既有发展规划作出了调整，抢抓先机积极

表 4-1　中国福建省对东盟的进出口贸易方式

单位：亿美元，%

年份	一般贸易	占福建省对东盟贸易总值（比重）	加工贸易	占福建省对东盟贸易总值（比重）
2017	228.01	80.16	46.78	16.45
2018	258.38	80.49	48.81	15.20
2019	280.43	77.74	41.62	11.54
2020	318.31	77.79	31.03	7.68

资料来源：相关年份福建省国民经济和社会发展统计公报。

对接，以有利于构建国内区域开放型发展新格局。东北地区目前正在实施多个国家级区域发展计划，包括辽宁沿海经济带、长吉图开发开放先导区、沈阳经济区以及哈长城市群。其中，辽宁沿海经济带是东北面向深蓝海洋的开放前沿，长吉图开发开放先导区是"一带一路"沿江的开放先锋，沈阳经济区是建设中的新型工业示范经济圈，哈长城市群是一个宜居宜业的国家级绿色城市群。

1. 辽宁沿海经济带

辽宁沿海经济带位于环渤海地区和东北地区的交界处，陆地面积 5.65 万平方千米，包括六个沿海城市。拥有大连港、营口港两个大型港口，吞吐量超过 1 亿吨，拥有 123 个万吨级以上生产性泊位，可容纳 30 万吨泊位容量。国家根据地理位置、资源能力、产业布局等方面的潜力，计划开展辽宁省六大沿海城市对接。在开放式格局中，辽宁沿海提出了以建设辽宁"一带一路"综合试验区为主体的"一体两翼"布局，分别在东西方向建立东北亚经贸合作先行区和中国—中东欧"17+1"经贸合作示范区。在招商引资方面，2019 年全省 60% 的外商投资投向沿海经济带，共 32 亿美元外资被六大沿海城市实际利用，达到全省的 65%。2019 年前 4 个月，沿海六市实际利用外资增长

23%，实际到位内资增长 19.3%，规划了 300 多个项目。

目前，辽宁沿海有自贸试验区、大连金普新区国家级平台，以及营口中韩投资贸易合作园。多家世界 500 强企业在辽宁沿海地区投资。截至 2019 年底，日本在辽宁投资 242.4 亿美元；华锦阿美石油化工有限公司投资 100 多亿美元，建成投产后将成为国内投资规模最大的合资企业，这意味着在能源投资等高附加值产业合作领域中沙两国取得重大突破。

在基础设施建设方面，"辽—满—欧""辽—蒙—欧""辽—海—欧"运输通道加速构建，往返货源不断增多，基本实现常态化运营。"辽—满—欧"大通道每周平均运行 15 列中欧班列，跨海铁路运输量居中国首位。辽宁计划以盘锦港为始发站，经内蒙古、新疆连接中亚、直达欧洲的"辽—蒙—新"大通道建设，进一步提升中欧班列影响力，构建向东北亚开放的国际多式联运体系。

2. 长吉图开发开放先导区

吉林省实施了模块化发展战略，包括开放渠道、合作平台构建、区域互联互通等方面，通过分层分项目实施，促进地区互动发展。吉图珲高铁开通、长春新区获批开始建设、通化内陆港投入使用，开放发展的项目逐步启动。特别是长春兴隆综合保税区、珲春综合保税区、和龙边境经济合作区以及长春新区等平台，在积累早期经验和创新方面的作用更加突出。2018 年，吉林省提出了以长春经济圈为主导，构建工业、医药"双通道"，打造东西部"双开放带"，疏通南北、东西向"双走廊"。向东继续加强与韩国、朝鲜、日本等国间的合作，向西拓展与中亚、欧洲的经贸合作空间，向南积极对接京津冀，向北与黑龙江共同探索对接中蒙俄经济走廊以及北极通道。经过 10 年的发展，长吉图地区的 GDP 和进出口总额比 2009 年翻了一番。截至 2019 年，图们江区域有 12 个国家级开发区，约占全省国家级开发区总数的 80%，长吉图先导区全方位对外开放的格局已经初步形成。

3. 沈阳经济区

沈阳经济区位于环渤海地区的北翼和东北南部。它是东北经济区和环渤海城市圈的重要组成部分，是国家重要的装备生产、原材料工业基地，东北地区重要的工业城市群。作为全国唯一的以新型工业化为特色的国家级综合配套改革试验区，沈阳经济区产业优势突出，工业基础雄厚，种类、体系完整，空间集中。沈阳经济区重型化工产业发达，机械、冶金、石化是其三大支柱产业，具有良好的产业配套性和集群发展空间。从产业层面看，沈阳、鞍山、抚顺、本溪和辽阳是该地区的老工业城市，是我国大城市高度集聚的城市群之一，也是东北地区工业化和城市化水平最高的经济区，具有合力推动沈阳建设国家中心城市、协同一体化发展的潜力。

4. 哈长城市群

哈长城市群位于东北地区腹地、东北亚核心，陆地、航空交通便捷，是黑龙江、吉林的密集型城市开发区，包括哈尔滨、大庆、齐齐哈尔、绥化、牡丹江、长春、吉林市、四平、辽源、松原和延边朝鲜族自治州 11 个城市州。目前，哈长城市群是东北唯一获批的国家级城市群。作为支持内陆腹地战略的重要地区，依托辽中南城市群雄厚的重工业基础，北靠俄罗斯，东靠朝鲜，西接资源丰富的内蒙古自治区，沿着不断完善的公路网，哈长城市群正在加快发展内外联动，旨在开辟东北地区对外联动的重要门户。

三、主要城市的海外市场产业链布局

（一）郑州的海外市场产业链布局

截止到 2021 年 11 月，郑州已与欧洲国家结成了 5 对友好城市，并签订 6 对友好城市关系意向书，这对郑州继续布局海外市场具有划时代的意义和价值。

1. "空中"丝路发展

截止到 2021 年，郑州机场的国际货运吞吐量突破了 54 万吨，货运规模居全国第五位，并进入全球货运机场 40 强名单。当前，已有 31 家航空公司在郑州开展全货运业务，开通了国际全货机航线 30 条，通航的国际城市已达 42 个，在全球货运前 50 名的机场中，郑州机场当前可实现通达 28 个，能够连通 17 个"一带一路"沿线国家。

在"十四五"期间，将构建以郑州机场为核心的"Y"形全货运国际航空网络，打造"东进、西扩、南至"的三大空中走廊；开辟至欧美、中东、亚太、澳洲、非洲等地新航线，打造服务全球国际贸易的航空货运大通道；实现与全球主要货运枢纽的航线高效通达，打造 24 小时全球可达的航空货运服务体系。

2. "陆上"丝路发展

自 2013 年中欧班列发行以来，郑州保持着每周去程 16 班、回程 18 班的高频次开行状态。截止到 2022 年 2 月，中欧班列（郑州）已累计开行 5560 列，运输货重 322 万吨，累计货值超过 230 亿美元。网络遍布欧盟、俄罗斯和中亚地区 30 多个国家

130 多个城市，境内外合作伙伴逾 6000 家。班列从郑州出发，所载货物可直达汉堡、慕尼黑、列日、莫斯科、赫尔辛基、卡托维兹、阿拉木图、塔什干、河内、米兰、布达佩斯、加里宁格勒、伊兹米特、梅尔辛 14 个城市，这 14 条直达线路也为郑州构筑了"十四站点、六口岸"的国际物流网络体系。中欧班列（郑州）还开行了信阳绿茶专列、宇通机械设备、郑煤机出口专列、跨境电商专列、粮食专列等定制班列。班列奔驰的车轮，奔跑在"一带一路"沿线广阔的天地间，加快推动着郑州对外开放大跨步前进。

（二）上海的海外市场产业链布局

1. 数字化打通产业链、供应链、服务链

聚焦建筑业"数字化赋能"，加快数字化转型升级，着力打造"上海制造"新范式，积极将前沿数字化技术与建筑施工有机融合，推进 BIM 技术在实际施工过程中的贯彻落实，聚焦 CAX 工业软件、算法等领域，以新一代信息技术与制造业融合发展为核心，建设全流程信息化的数字工地。

推进在线新经济生态园建设，基于园区不同特征，集聚产业链上下游企业，构建创新因素聚合、龙头企业引领的在线新经济发展产业生态圈，实现产业链、供应链的稳定运行。引领信息消费及服务产品加大研发投入，增强产业集群赋能水平，推进上海经济数字化整体转型。

2. 加强产业链布局和基础设施建设

通过汽车产业发展，助力落实国家"双碳"目标。在生产端及消费端共同推广新能源汽车，推动汽车全产业链高质量绿色发展。以中国上汽为例，该企业已布局全球 70 多个国家和地区，通过对自主研发的大量投入，实现了新能源、智能网联等

技术落地，进而实现产业链补链强链的目的。同时积极推进充电桩等配套基础设施建设，通过补贴营造低碳消费环境。

3. 深化 RCEP 区域内纺织产业链、供应链

中国纺织业作为国际竞争优势明显的产业，具备加强区域贸易互动的基础，但现阶段合作的层次及质量较低。与此同时，RCEP 协定消除双边贸易壁垒，帮助企业提升供应链响应能力，如与东盟国家在纺纱织造等产业链环节优势互补，与越南、缅甸等国的服装生产企业进行紧密高效的区域供应链合作，整合澳大利亚、新西兰等国的优质原料。建设全球性设计研发中心，并向产业链上游延伸，与国内产业链形成自主国际生产体系，提升中国纺织业在全球产业链、供应链中的地位。

（三）天津的海外市场产业链布局

天津作为"一带一路"建设的重要节点城市，充分发挥区位优势。一方面，在南北经济协调发展的基础上，加强了对北部地区经济协调发展的促进作用；另一方面，充分发挥区域、地缘、资源优势，引导和带动中西部地区经济发展。

1. 构建全方位开放格局

系统梳理了与 20 多个"一带一路"国家和地区的合作渠道，收集并整理了 300 多条信息，主要包含海外新技术项目、待收购企业、国际政策变化与投资环境等；陆续组织开展 10 余场与农业、制造业、生物医药等专业领域相关的具有影响力的国际科技交流活动，推动天津与沿线国家创新主体的拓展合作，实现"平台共建、资源共用、人才联培、成果共享"的深层次交流合作。

2. 加快融入全球创新网络

支持设立境外科研中心，推动科技企业特别是龙头公司、

境外科研机构的建立，作为支持科技企业能力建设的重要手段。建立政企交流平台，确定了"服务＋政策＋资本"三位一体的工作思路，切实有效地鼓励相关企业参与离岸并购，具体做法包括：建立政企信息共享渠道，组织境外并购培训营，搭建对接"隐形冠军"平台等。

3. 完善国际科技合作基地布局

继续完善现有布局，重点发展具有良好国际科技合作基础、汇集国际创新资源的国家间技术转让成果显著的科技服务机构、高校和科技企业等。建立提高服务质量的基地，与世界一流大学和科研机构共同研发，承担国家自然科学基金国际合作项目、科技部中瑞国际合作项目、国家 863 计划、国家 973 计划、国际科技重大专项等 50 余项，提升现代分子科学水平、抢占国际合成化学研究学术制高点。

第五章
我国企业海外投资的主要动机

毋庸置疑，国内市场发展到一定水平后都会出现瓶颈期，自身生产力的局限和创新力不足都会导致本土市场缺乏竞争力，从而限制了行业的发展。通过向海外市场的拓展，不断提高本企业的生产能力以及和国际企业分工合作，形成更加完善的一体化世界经济。现在，企业的生存和发展取决于其国际竞争力，而参与国际竞争可以带来垄断利润和经济效益的提高。中国企业正加速向海外市场拓展，涉及的行业范围广泛，不同行业所需不同，所对应的海外投资动机也不尽相同。中国企业对外投资的动机可以粗略地分成自然资源获取、战略性资产获取、海外市场获取以及其他动机。

一、自然资源获取

自然资源对企业自身的发展和生存非常重要。中国虽然幅员辽阔，但自然资源的分布东西不均，一些主要的能源也很匮乏。受上述资源配置偏差的制约，中国经济的持续强劲增长也将受到影响。企业需要在全球范围内控制自然资源，以实现稳定的生产和经营，这也是国内企业在海外投资的动机基础。

对于以自然资源为生产要素的跨国企业，使其自然资源收益最大化，该企业拥有的资产在地理区域分布上也是最大化。该类中国企业进行海外投资的目的就是将自身可移动要素和不可移动要素相结合使其能够获得国际市场配置最大化，以此来实现海外生产成本远远低于本土生产成本（汤建光，2007）。例如，我国的林木类和渔业资源贫瘠，该行业企业在国内的生产成本远远高于那些拥有丰富资源的海外国家。不难发现，自然资源在世界上的分布情况是我国企业海外投资区域考虑的最大影响因素，也是我国能源企业跨国投资的主要动机之一。

表 5-1 和表 5-2 分别为 2003~2015 年中国对外直接投资流量和存量的行业结构占比情况。从表 5-1 和表 5-2 中均能发现，采矿业在我国对外投资高占比行业中排名第三。对于中国国内的"采矿业"等依赖自然资源生产经营的行业企业来说，地球上自然资源拥有足够开发开采的资源容量的重要性不言而喻。在中国自然资源有限、人口基数大、自然资源人均占有量较小的情况下，中国国内企业进行海外投资能够克服国内各种资源日趋紧张的局势，这也体现了中国企业境外投资是为了进一步获取自然资源。

表 5-1　2003~2015 年中国对外直接投资流量的行业结构

单位：%

年份	2003	2004	2005	2006	2007	2008	2009	2010	2011	2012	2013	2014	2015
A	9.8	13.6	40.3	21.4	21.2	38.8	36.2	44.0	34.3	30.4	25.1	29.9	24.9
B	—	—	—	16.7	6.3	25.1	15.5	12.5	8.1	11.5	14.0	12.9	16.6
C	48.4	32.7	13.7	40.4	15.3	10.4	23.6	8.3	19.4	15.4	23.0	13.4	7.7
D	12.6	14.5	18.4	5.2	24.9	11.7	10.8	9.8	13.8	14.8	13.6	14.9	13.2
E	21.8	13.8	18.6	4.3	8.0	3.2	4.0	6.8	9.4	9.9	6.7	7.8	13.7
F	3.0	15.1	4.7	6.5	15.4	4.8	3.7	8.2	3.4	3.4	3.1	3.4	1.9

续表

年份	2003	2004	2005	2006	2007	2008	2009	2010	2011	2012	2013	2014	2015
G	—	0.2	0.9	1.8	3.4	0.6	1.6	2.3	2.6	2.3	3.7	5.4	5.3
H	1.0	0.9	0.7	0.2	1.2	1.3	0.6	2.4	2.2	3.7	4.0	2.7	2.6
I	1.0	1.4	0.1	0.6	0.6	2.3	0.8	1.5	2.5	2.2	0.6	1.4	1.5
J	—	0.6	0.1	0.2	1.1	0.5	0.5	0.7	1.1	1.4	1.3	2.6	4.7
K	—	0.3	1.0	1.3	1.1	0.3	1.4	1.5	1.0	1.7	1.6	1.3	2.3
L	3.0	5.3	0.9	0.9	1.0	0.3	0.5	0.8	1.1	1.7	1.7	1.6	1.8
M	—	1.6	0.5	0.5	0.3	0.3	0.5	0.5	0.4	1.0	1.0	1.3	1.1
N	—	—	—	—	—	—	—	—	—	0.2	0.3	0.4	1.2
O	—	—	—	—	—	0.3	0.4	0.1	0.4	—	—	0.4	0.9
P	—	—	—	—	—	0.1	0.3	0.2	0.2	0.2	0.1	0.2	0.5

注：A代表租赁和商务服务业；B代表金融业；C代表采矿业；D代表批发和零售业；E代表制造业；F代表交通运输、仓储和邮政业；G代表房地产业；H代表建筑业；I代表电力、热力、燃气及水的生产和供应业；J代表信息传输、软件和信息技术服务业；K代表科学研究、技术服务和地质勘查业；L代表农、林、牧、渔业；M代表居民服务、修理和其他服务业；N代表文化、体育和娱乐业；O代表水利、环境和公共设施管理业；P代表住宿和餐饮业。其中数值低于0.1%的数据未进行统计。

表5-2　2003~2015年中国对外直接投资存量的行业结构

单位：%

年份	2003	2004	2005	2006	2007	2008	2009	2010	2011	2012	2013	2014	2015
A	6.0	36.7	28.9	21.5	25.9	29.7	29.7	30.7	33.5	33.0	29.6	36.5	37.3
B	—	—	—	17.2	14.2	19.9	18.7	17.4	15.9	18.1	17.7	15.6	14.5
C	18.0	13.3	15.1	19.8	12.7	12.4	16.5	14.1	15.8	14.1	16.1	14.0	13.0
D	19.7	17.5	20.0	14.3	17.2	16.2	14.5	13.2	11.6	12.8	13.3	11.7	11.1
E	6.2	10.0	10.1	8.3	8.1	5.3	5.5	5.6	6.3	6.4	6.4	5.9	7.2
F	6.0	10.2	12.4	8.4	10.2	7.9	6.8	7.3	5.9	5.5	4.9	3.9	3.6
G	—	0.5	2.6	2.2	3.8	2.2	2.2	2.3	2.1	1.8	2.3	2.8	3.1
H	2.0	1.8	2.1	1.7	1.4	1.5	1.4	1.9	1.9	2.4	2.9	2.6	2.5
I	2.0	0.5	0.5	0.5	0.5	1.0	0.9	1.1	1.7	1.7	1.7	1.7	1.4
J	33.0	2.6	2.3	1.6	1.6	0.9	0.8	2.7	2.2	0.9	1.1	1.4	1.9
K	—	0.3	1.0	1.2	1.3	1.1	1.2	1.3	1.0	1.3	1.3	1.2	1.3

续表

年份	2003	2004	2005	2006	2007	2008	2009	2010	2011	2012	2013	2014	2015
L	1.0	1.9	0.9	0.9	1.0	0.8	0.8	0.8	0.8	1.0	1.1	1.1	1.0
M	—	2.4	2.3	1.3	1.1	0.4	0.4	1.0	0.4	0.7	1.2	1.0	1.3
N	—	—	—	—	—	—	—	—	0.1	0.1	0.2	0.2	0.3
O	3.0	2.0	1.6	1.0	0.8	0.6	0.4	0.4	0.6	—	—	0.1	0.2
P	—	—	—	—	—	—	0.1	0.1	0.1	0.1	0.1	0.1	0.2

注：A 代表租赁和商务服务业；B 代表金融业；C 代表采矿业；D 代表批发和零售业；E 代表制造业；F 代表交通运输、仓储和邮政业；G 代表房地产业；H 代表建筑业；I 代表电力、热力、燃气及水的生产和供应业；J 代表信息传输、软件和信息技术服务业；K 代表科学研究、技术服务和地质勘查业；L 代表农、林、牧、渔业；M 代表居民服务、修理和其他服务业；N 代表文化、体育和娱乐业；O 代表水利、环境和公共设施管理业；P 代表住宿和餐饮业。其中数值低于 0.1%的数据未进行统计。

正如中国在非洲投资矿产资源行业，寻求自然资源是中国企业跨国投资的重要动机。矿产资源在我国工业活动中消耗量非常大，所以矿产资源是工业生产中的重要原材料。一直以来，我国都缺乏高质量的能源和一些矿产资源，尽管世界上的矿产资源如此之少，但工业生产却非常需要这些资源。再者，中国目前在国际市场上缺乏商品定价权，故而作为世界上的矿石进口大国，许多矿产品的进口受到国际矿业巨头的严重影响，削弱了我们在动荡的国际市场上持有重要战略资源的能力。非洲有丰富的矿产资源，中国有先进的采矿技术和现代采矿设备。中国在非洲的基础设施投资，不仅可以促进非洲国家的经济发展，增加非洲国家的就业机会，而且可以缓解中国国内的能源问题。在矿产商品的对外投资中，中国有色集团在非洲的一系列投资被认为是比较有代表性的资源型对外直接投资。中国有色集团在一些非洲国家设立了机构，在非洲进行了相应的绿地投资。中国在非洲的一系列投资不仅缓解了中国资源相对匮乏的矛盾，还为非洲国家创造了大量的就业机会，促进了非洲国家的经济发展，并有助于稳定国内能源供应问题。

企业在所投资国的自然资源获取，极大程度上降低了企业的生产成本，由于被投资国家的自然资源、生产物资相对于本国或其他地区有较大的价格优势，这也是投资企业获得市场竞争优势的主要方法之一，由于被投资国的某项资源往往具有价格优势，相同情况下能使企业降低生产成本，使投资企业在国际竞争中更具有优势。近年来，大量的中国企业纷纷搬往东南亚，东盟国家成为中国企业的投资较多的地区，其重要原因之一在于东南亚丰富的自然资源与廉价的成本。以橡胶为例，橡胶作为重要的工业生产原材料，仅泰国一国的橡胶产量就占到全球的 35.6%，原材料价格的优势成为近年来越来越多的中国企业在东盟国家投资的重要原因之一。

海外拓展对于资源型企业具有重大意义，张世超（2009）对中国从 1983 年以来对资源型企业的海外拓展进行了总结归类（将中国海外拓展资源型企业分为能源类资源型企业和非能源类资源型企业）。在近些年的发展过程中，中国的资源型企业在海外的拓展取得了一定的成果，不仅为国内市场、国际市场提供了大量、优质的产品，同时为当地的经济发展、地区建设提供了强大动力。但是，由于存在一部分企业对当地自然资源使用、处理不当而引起的"中国资源威胁论"也给后续投资的企业带来了不小的舆论、政治上的阻力。

二、战略性资产获取

我国企业要跟随全球化不断推进的进程，要让本土的产品和服务面向国际市场。中国企业将通过海外投资建立大规模的国际一体化生产网络，充分利用不同国家的生产优势差异，将不同产品的生产和同一产品的不同生产阶段分配到不同国家，使一国的生产与多国的生产紧密相连，通过生产经营的国际化，实现全球生产。实现要素的优化配置和产业的国际化。这个过程需要通过寻求战略性资产来获取先进国家的所有权优势，利用逆向技术溢出效应，提升母公司的竞争优势（周经和赵晔，2018）。在当今竞争激烈的国际市场中，中国企业向海外市场投资是战略部署重要的一步。中国企业普遍认为建立一个被全世界认可的品牌就是该企业的一个隐形的战略资产。众所周知的海尔、美的和万达等大型跨国企业进入竞争对手服务的国际市场，是为了提升企业品牌效应，这是他们的营销战略之一。这些企业不仅充分利用本土市场建立的资源关系，也不断学习和吸收国际市场的创新知识和技术，为企业的壮大打下坚实的基础。

自 1998 年以来，海尔集团开启国际化战略，在世界主要的经济体量大的城市销售产品，并建立自己的海外代理网络和售后服务网络。今天，海尔凭借其海外投资和国内生产的经营模式，在国际市场上占有很大份额，海尔品牌在全球范围内具有很高的知名度、信任度和美誉度，并成为世界 500 强品牌之一。

同样，美的曾经制订了一个海外营销五年计划，分别在德国、日本和美国建立海外机构，分别负责营销、研发和资本技术转换。最终美的集团于 2013 年在深交所上市，这一成果也是美的品牌多年国际化努力的结果。像海尔和美的这样的中国公司是以实现它们的长期战略目标为动机开展海外投资的。

再有，旗下涉及购物休闲、娱乐运动、地产以及金融等众多产业的万达集团，近年来，国际发展战略得到了实施地产一体化模式继续向国际化发展。对美国电影院的收购使万达成为世界上最重要的电影院运营商之一，而对欧洲地产设施的收购则使万达模式在欧洲继续发展。对英国资产的收购也为万达的国际拓展提供了战略准备。万达的例子表明，以海外投资形式进行的跨国并购可以帮助中国企业在进入当地市场时降低沟通成本，促进内部和外部资源的整合。

一直以来，中国的运动品牌被国内市场及国外市场视为廉价、低端的代名词。但是自 2008 年北京奥运会的成功申办，国内众多的体育品牌纷纷走上了国际化的道路。以安踏为例，中国的体育运动品牌除存在管理模式、专业性人才缺失的问题外，企业的知名度及品牌效应、对消费者的消费理念把握方面也存在着严重缺陷。针对这些问题，安踏则采取了国际化收购的战略，对一些具有一定知名度、品牌影响力的国际体育运动企业进行收购（王鹏，2021）。2009 年，安踏从百丽手中收购了国际知名时尚运动品牌 FILA 的商标和在中国的经营权，将其定位在高端市场，并逐步占领中国各大高端百货公司的渠道，实施安踏的多品牌、多业态战略。建设国际集团的第一步已经迈出：经过五年的发展，FILA 通过与安踏品牌的差异化和互补性，成为安踏集团新的利润增长点。2015 年，安踏完成了对英国户外运动和登山品牌 Sprandi 的收购；2016 年，安踏投资 1.5 亿元成立合资公司，在中国推出高端滑雪品牌 Descente；2017 年，安踏收购 Kingkow（知名童装品牌小笑牛）100%的股权及相关商标所有权。同年，安踏成立了一家合资公司，在中国管理户外运动品牌 KolonSport。安踏体育的主品牌一直能够准确地定位自身品牌所针对的消费者群体，一直以来坚定做"高性价比的大众品牌"。中高端市场的覆盖和升级则通过 FILA 等副品牌去完成。经过近 30 年的发展，安踏集团已经从一家传统的民营企业转型成为具有现代化治理结构和国际竞争能力的国际公司。从 2015

年起，安踏集团一直是中国最大的体育用品集团，市值在 2019年 8 月超过了 1700 亿港元，位列全球体育用品行业第三位。2021 年，《财富》中国 500 强排行榜排名 289。近年来，随着中国篮球鞋市场的蓬勃发展，耐克及其旗下子品牌 Air Jordan 在中国市场捷足先登，耐克通过签约美国职业篮球联赛球星，利用球星的影响力发售签名鞋，在中国的篮球用品市场上大放异彩。国际球星的影响力对全世界的消费者起到了不小的号召作用，对品牌影响力及产品推广具有深远意义。安踏通过签约一系列球星，如克莱·汤普森、隆多等当红球星，经过产品的不断升级迭代，在年轻消费者群体中树立了不错的口碑。

三、海外市场获取

本土企业的自主创新能力随着我国经济的持续增长而不断提升，进而提升了产业整体的发展水平。仅局限于本国市场难以让企业做大做强，而国际市场是个大蛋糕，向海外市场扩张，能迅速提高企业经营绩效，通过海外市场的成长可以提高企业市场品牌力和市场影响力，进一步被市场消费者熟知并信赖。

在 2020 年《中国对外投资合作发展报告》中披露，2016~2019 年中国对外直接投资存量节节增高，具体数据如表 5-3 所示。从表 5-3 中可以看出，投资于第三产业（主要涉及租赁和商务服务业、金融业、批发和零售业、信息传输/软件和信息技术服务业等行业）的大多数企业通过在海外市场进行投资活动以获取市场份额，直接提高企业生产效益以实现企业自身利益增长。因此，可以认为中国企业海外投资动机中以获取海外市场为主要动机之一。

表 5-3　2016~2019 年中国对外直接投资存量的全球占比

年份	全球对外直接投资存量（万亿美元）	中国对外直接投资存量（亿美元）	中国占全球比重（%）
2016	26.2	13573.9	5.2
2017	30.8	18090.4	5.9
2018	31	19822.7	6.4
2019	34.6	21988.8	6.4

資料来源：中国商务部、国家统计局、国家外汇管理局《2019 年度中国对外直接投资统计公报》；联合国贸发组织《世界投资报告 2020》。

具有传统优势的中国企业在国内市场已经趋于饱和，在国际市场上具有较强的竞争力，但发达国家的贸易保护限制了产品的直接出口，这也影响了国内企业在国际市场的发展。本地公司可以利用其在某些行业的优势，在发展中国家投资，这些国家也有区位优势。通过这种海外投资，也可以获取客观的经济利润，还可以为发展新技术产业提供相应空间，使产品寿命得以延长。

中国交通建设股份有限公司（以下简称中国交建）于 2006 年 10 月 8 日经国务院批准成立，并于 2006 年 12 月 15 日在香港联交所主板上市，成为中国第一家在海外上市的特大型国有基建企业。数十年来，中国交建在海外经历了劳务输出、施工总承包、设计施工总承包等阶段。随着经验的不断丰富，自身实力的逐渐提升，"走出去"的层次和水平也日益提高。如今，中国交建进入了国际化优先发展的新阶段，拥有中国交建、中国路桥、中国港湾、振华重工四个海外知名品牌。作为国际承包市场最成功的中国企业，中国交建的核心优势是路桥建设、港口工程，目前是国内最大的国际工程承包商。旗下的上海振华重工是全球最大的港口机械制造商，集装箱起重机的全球市场占有率约为 80%，几乎垄断了这一市场。中国交建近年来在海外最具代表性的项目是东非肯尼亚的蒙内铁路，设计时速 120 千米，这条全长 480 千米的铁路将肯尼亚首都内罗毕与港口城市蒙巴萨连接在一起，如今已经成为非洲现代化的象征。中国交建最新的项目是马来西亚东岸的铁路，项目几经周折，目前距离重启已经不远了。除交通基础设施外，工业园及产业平台也是中国交建的主要运营项目，目前建立的园区包括蒙巴萨经济特区、吉布提工业园、斯里兰卡临港产业园等。

重大基础设施同消费性产品一样，体现了国家的经济实力。在这一领域，国内市场几乎饱和，所以中国企业必须向海外市场拓展。而中国企业的建设速度要远远超过西方国家，取得了压倒性的竞争优势，所以会出现中国交建这样的国际承包市场最成功的中国企业。此外，在海外的手机市场，中国企业也取得了举世瞩目的成绩。出口的中国手机品牌不是一家，而是一个"集团军"，包括很多品牌在国内市场并不多见，像非洲市场销量第一的手机品牌就是来自深圳一家鲜为人知的企业——传音科技。此外像在印度市场排名第一的是中国的小米，在印度尼西亚市场销量第一的是 OPPO。

中国企业跟随着"一带一路"和"走出去"的倡议，不断地利用自身优势打开在国内市场趋于饱和的困境，积极探索和拓展国际市场。在这个过程中，许多优秀的本土企业凭借过硬的实力和"走出去"的坚定决心，在打开海外市场上有所建树。这也不断地激励国内其他企业，以获取国际市场作为其海外发展和投资的主要动机。

TikTok 是一个社交音乐应用程序，由北京字节跳动科技有限公司拥有。2017 年 3 月，musical.ly 本应在中国推出，但已经被字节跳动旗下的抖音公司收购，后者被称为"海外扩张的奇迹"。同年 11 月，字节跳动花费 10 亿美元收购了 musical.ly，次年 8 月，它吞并了 musical.ly，并将其升级为一个名为 TikTok 的全新平台。根据 SensorTower 的数据，TikTok 是增长最快的全球社交媒体平台，TikTok 在短短三年内就达到了 10 亿次的下载量，而 Facebook 和 Instagram 则是 8 年。2018 年 1 月，TikTok 作为苹果应用商店中下载量最大的应用首次亮相，超过了同期全球三大社交网站——Instagram、Facebook 和 Twitter。

TikTok 通过其对用户画像的精准刻画，以其独特的算法为用户推送其可能感兴趣的微视频，弥补了海外市场对于"微视频"领域的空白，在短时间内吸引了大量的用户，字节跳动也成为中国新兴互联网企业成功打开国际市场的典型企业之一。

四、其他动机

中国企业逐步涉足海外市场，行业集中程度较高，动机以获取自然资源、战略性资产、海外市场为主，还包括其他动机。在其他动机中最有代表性的就有以获取技术为动机和以承担社会责任为动机。中国一直贯彻"改革开放"的政策，随着开放程度的不断加大，中国企业越来越多地选择"走出去"。但是近年来，我国企业在国际市场受限严重，摩擦不断，屡屡碰壁，究其原因在于我国企业在一些产业和部分核心技术没有实现突破，再加上本土企业的国际形象有待进一步提高。因此我国企业在海外投资的过程中就会考虑技术的获取和社会责任的承担。

一是以获取技术为动机。虽然中国制造业实力雄厚，互联网、人工智能等新兴技术领先世界，但是与西方发达国家相比，中国在关键制造技术，特别是芯片制造等高科技研发方面处于相对落后的地位。首先，从表5-1和表5-2可以发现，对于中国对外投资比行业排第五的制造业，在2003~2015年中国企业对外投资的存量占比都不足10%，而制造业最大的竞争优势体现在生产制造技术上，存量和流量占比充分体现出我国的技术水平在整个国际市场是不占优势的。其次，从两个表中也发现中国企业在科学研究、技术服务和地质勘查业（K）领域方面的投资占比也在1%浮动。这些需要高技术含量的投资活动占比非常低，这充分体现在中国公司对自己的技术缺乏信心。受制于关键制造技术的落后，中国企业在生产和销售过程中不得不向外国公司支付高额许可费，导致经营利润低下。此外，对关键技术的封锁严重限制了中国一些战略产业的发展，而中兴通讯首当其冲。也有一些企业克服了这些困难，例如，华为在世界各地都有研究中心，可以招募优秀的工程师来开发先进技术，也可以更有效地克服一些技术封锁。再如，吉利公司在2010年收购了沃尔沃汽车公司后，很大程度上提升了吉利品牌的国际影响力和技术内涵，进而不断地推出中高端产品，进军国际市场。此次吉利公司收购沃尔沃的目的很明显就是寻求技术的革新。因此，对于很多在技术上不占优势的企业来说，特别是对于那些位于发展中国家的企业，通过国际化可以在一定程度上弥补自身技术上的劣势。原因在于，企业通过跨国并购，可以接触到发达市场上先进企业的技术知识，从而通过模仿和学习来完善自身知识体系，更新企业现有的知识库，进而提升自身的技术水平，但并非所有的企业都可以通过国际化来实现技术的"弯道超越"。跨国企业能否通过国际化扩张来实现自身技术的升级取决于其吸收能力如何，即企业在获取、整合以及吸收知识方面能力的强弱。如果跨国企业的吸收能力较强，其便可以通过跨国并购来实现对国际市场上各方面的知识进行整合和吸收，为己所用，进而实现自身技术的跃迁和更新，反之，跨国企业的国际化扩张可能会为企业带来难以估量的风险。

二是以承担社会责任为动机。社会责任投资是指不产生收入但有义务为社会服务的投资，例如，公司对工业安全或海洋保护的投资。乍一看，对社会负责的投资可能不会产生收入，但从长期利益来看，它们会对公司的社会形象产生直接影响，从而影响其生产和商业活动。随着经济全球化进程的加快，越来越多的跨国企业认识到，全世界人类共同生存于同一个星球，但由于历史等原因，各个地区的发展状况存在着较大的差别，如有的国家的经济发展水平比较高，其居民可以购买到多种多样的商品来提升自己的生活质量，但有的国家的居民连最起码的温饱问题都难以解决。因此，很多跨国企业逐渐开始在全球范围内的市场上践行社会责任，致力于提升当地居民的人均收入、生活水平、医疗保障等内容。

此外，有的研究发现跨国企业进行国际化的原因还可能来自于自身绩效的变化或反馈。跨国企业经营业绩不佳也是其选择进行国际化的一个因素（宋铁波、钟熙和陈伟宏，2017），特别是在母国市场上的经营表现（张伟，2019）。可能的原因在于，跨国企业在自身绩效不佳的情况下，通常都需要采取一定的战略措施来改变当前的现状，或采取一些措施来转移股东的注意力，而在当前的形势下，特别是"一带一路"倡议的提出，国际化会是一个不错的战略选择。现有研究发现跨国企业进行国际化是一个风险较高的战略行动，由于各个国家在文化、价值观、政策、传统习俗等制度体系方面存在着差别，导致国家之间存在着制度距离。制度距离带来了"外来者劣势"和"合理性威胁"，导致东道国市场上的利益相关者对跨国企业持怀疑和不认可，甚至是敌对和仇视的态度。尽管如此，跨国企业的国际化战略决策却能够在一定程度上帮助跨国企业整合全球范围内的各项资源，获取来自多个海外市场上的各种信息，能够帮助跨国企业去获取潜在的市场利益。因此，当跨国企业的绩效表现不佳时，其也可能会进行国际化。且现有研究发现，当跨国企业的绩效表现不佳时，其更可能采取激进的国际化战略，如国际化的步伐更快、国际化的范围更广等。在此领域内，国内外学者已经开展了相当一部分的研究，且越来越多的学者认识到跨国企业进行国际化的动因是自身绩效的变化，且现有研究发现相较于行业绩效期望，跨国企业的历史绩效期望对国际化行为的影响更为明显。可能的原因在于，行业绩效期望只是展示了一个行业的平均绩效水平，对单个的跨国企业个体来说，缺乏参照性，因为处于行业龙头的企业不会以行业平均绩效水平为经营目标，而处于行业底部的企业也不会以行业平均绩效水平作为目标，但是，几乎所有的企业都会将其历史绩效作为参照标准。此外，对于跨国企业来说，其绩效包含国内绩效和国际绩效两部分，此两部分的绩效反馈对于跨国企业国际化的行为影响是否完全一致，现有研究还有待进一步分析和挖掘。但综合来看，跨国企业自身绩效的表现影响了其后续的国际化行为。

中国企业海外投资的动机和原因可能远不止这些，外国投资也有助于公司保护自己免受当地政治和经济风险的影响，并通过全球资产配置和投资保持或增加资本价值。并且随着互联网和信息技术的发展，以及制造业越来越高精化，打破关键的技术壁垒也能成为本土企业进行海外投资主要动因。总而言之，我国企业海外投资和发展的动因是随着国内国外市场变化而改变的。因此，我国企业在进行对外投资的过程中，应当增强创新意识，明确企业自身在海外市场竞争中的优势、劣势，保持本土企业在国际市场中的相对竞争力。以自主创新能力为驱动，使本土企业占据国际市场的有利地位。

随着全球经济的缓慢复苏和中国经济的不断发展，作为海外投资的后来者，中国企业的海外投资前景应该是机遇与挑战并存。面对巨大的海外市场，中国企业有能力也有必要转向对外投资，通过对发达国家的海外投资，抓住国际经济中超越发展中国家的机会。同时，我们需要关注中国企业在深化海外投资过程中继续面临的挑战。随着"全球化"理念在国家和企业层面的深入人心，中国的海外投资也将进入一个新的历史阶段。面对世界经济一体化和国际化分工的必然趋势，中国企业必须积极应对海外竞争，企业和政府必须了解全球分工的重要阶段，才能使中国在全球产业价值链中崛起，通过对外直接投资增强国际竞争力和影响力。

总之，中国企业要应对国外的全球竞争，在能够实现稳定发展和保持竞争优势的地方进行海外投资。同时，企业需要根据自身发展和盈利的战略需要，在海外进行投资、开发市场、控制资源、实现技术突破，以便在不断动荡的全球经济和政治形势下，成功推动国内企业的海外投资战略。

第六章
国际化阶段模型

一、国际化阶段理论的形成

自 20 世纪 60 年代以来，对外直接投资领域的主流理论有三个：垄断优势论、内部化理论和国际生产折中理论。这些理论的形成也开始为后续的国际化进程及对外贸易投资研究打下了基础，为以后的跨国贸易实践提供了理论指导，这些投资理论在世界经济发展进程中有着突出的贡献。但是，这些主流对外直接投资理论自身由于并没有多少实践积累的经验作为实例印证，导致理论和实践中存在着一定差距，而且随着全球化、国际化程度的不断加深，以及在此进程中不断出现的新的矛盾，这些理论并不能很好地进行解决，与此同时，这些理论的缺陷必然会限制国际化进程的发展。例如，垄断优势理论仅能对 20 世纪 60 年代的特定跨国公司国际化的现象进行解释，而并不具有对其他时期现象解释的普遍性。在垄断优势理论中，企业只有在拥有垄断优势时才能走出国门，但是现实中似乎并非如此。自 20 世纪 70 年代开始，许多并不一定都具有垄断优势的第二世界、第三世界的企业也纷纷走出国门，这一现象是垄断优势理论解释不了的。内部化理论的主要内容，是从交易成本的角度去寻找投资方的动机，但在这一过程中往往会忽视其他因素，如东道国宏观经济因素、自然环境因素、客观基本条件等因素对企业对外直接投资的影响。相比垄断优势理论，内部化理论虽然有所超越，但同时也将自己封闭在了交易成本理论中。国际生产折中理论虽在一定程度上对以往理论的片面性和不完整性进行了弥补，但是该理论将所有权、内部化、区位优势三种因素的权重假设为同一值，而且也是从静态的角度分析各个因素对直接投资的影响，这与形式多样、变化频繁的企业跨国投资实践之间存在较大差距。实际上国际生产折中理论对企业国际直接投资、商品出口、以许可证转让技术这三种经济活动的动态转化都缺乏解释，而仅仅只能解释这三种选择行为的成因。更重要的是，国际生产折中理论的研究对象主要为大型的跨国企业，对那些中小规模的企业以及发展中国家企业的对外投资行为，并不具有很强的解释性。

正因如此，企业国际化阶段理论自 20 世纪 70 年代中期诞生起便引起了学术界的重视，一方面该理论对之前的理论进行了补充和完善，弥补了主流理论的内部缺陷；另一方面该理论从动态的角度来分析对外投资问题，可以将之前未考虑的因素进行增添，使理论更加符合现代经济发展客观规律。

二、乌普萨拉模型

著名学者 Welch 和 Luostarinen 将企业国际化定义为"在国

际（市场）经营中增加投入的过程"（Welch & Luostarinen，1988）。因此，企业国际化的本质便可以理解为企业经营的业务范围由国内市场向国际或全球市场的转变过程。在早期的研究中，研究者主要聚焦于大企业的国际化过程探讨，对中小企业的研究非常缺乏（Coviello & Murro，1997；Holmlund & Kock，1998），原因在于与大企业相比，中小企业由于自身资源、资金等关键性资源难以进行持续性投入以及本身缺乏国际化经营知识，再加上中小企业在国际化经营方面的管理模式非常欠缺，导致中小企业难以实现持续性的国际化，绝大多数的中小企业通常会在开始国际化不久就退出国际化进程。

在 20 世纪 70 年代中期及以后，瑞典乌普萨拉大学的几位学者 Johanson 和 Wiedersheim–Paul（1975）、Johanson 和 Vahlne（1977）在对北欧的企业国际化进程进行深入分析和研究之后，提出了企业国际化阶段理论，即乌普萨拉理论或乌普萨拉模型（Uppsala Model，U–M），这一理论开创了学者对国际化进程的研究。该理论认为：企业国际化的一个逐渐的、连续性的动态发展过程，其通常会表现为对外国市场的渐进式承诺提升（Incremental Commitment）。乌普萨拉模型不仅适用于大企业，对于中小型企业来说也是同样适用的。

乌普萨拉模型的主要内容是描述企业的国际化进程的，其认为一个企业的国际化进程包括以下几个阶段：直接出口—间接出口—建立在外国市场上的销售分支—在国外设立自己的生产或制造分支（Johanson & Vahlne，1977）。表 6-1 是四家瑞典公司国际化经营方式的演化顺序：

表 6-1 中的第二至六列代表企业特定的经营方式的发展顺序。第二、第三列表示海外销售分支建立的方式。在所调查的 4 家企业的 63 个海外销售分支中，只有 7 个是从纯国内经营直接

表6-1　四家瑞典公司国际化经营方式

单位：个

模式					
	海外销售分支的设立		海外生产分支的设立		
	N	A	N	A	S
	↓	↓	↓	↓	↓
	S	S	P	P	P
Sandvik	2	18	0	2	13
Altascopco	3	14	0	3	9
Facit	0	14	0	2	3
Volve	2	10	0	2	3
总计	7	56	0	9	28

注：N表示企业在该国有无正常出口业务，A表示企业在该国通过中间商出口，S表示企业在该国设有海外销售分支，P表示企业在该国设有海外生产和制造分支，N→S表示企业在该国设立分支以前，在该国无经常出口业务，S→P表示企业在该国设立海外生产分支以前已经设有销售分支，以此类推。

建立海外销售分支的。其余56个都是从原先的出口中间商的基础上发展起来的。第四至六列数字表示海外生产分支的三种不同发展顺序。Sandvik和Atlascopco两家公司的27个海外生产分支中，只有5个是从出口中间商发展起来的；其余22例都是从海外销售分支的基础上发展起来的。从这4家公司37个海外生产点建立的过程看，每个国外分公司都是在对该国销售已经通过中间商或销售分支打开局面之后才建立的。没有一例是企业跳过出口销售的试验阶段。由此说明企业国际化经营是遵循"由易而难，逐步升级"的发展过程。

从表6-1中看到，Johanson等区分了企业海外经营的四个不同发展阶段：①不规则的出口活动（直接出口）；②通过代理商出口（间接出口）；③建立海外销售子公司；④建立海外生产和制造分支。

企业国际化进程是一个"连续""渐进"的过程。其中，渐进性主要体现在以下两方面：一是市场范围的地理顺序渐进性，指的是"本地市场→地区市场→全国市场→海外相邻市场→全球市场"；二是国际化经营方式的渐进性，指的是"纯国内经营→通过中间商间接出口→直接出口→设立海外销售分支→海外生产"。

为什么企业在国际化过程中会表现出在市场范围内的由近及远以及在投入上的由少到多的阶段性特征呢？这是国际化进程问题的关键，同时也是北欧学派国际化阶段理论的立论根本。为此，北欧学派用"心理距离"（Psychic distance）和企业国际化动态模型来进行了阐释。

"心理距离"指是的"包括语言、文化、政治体制、教育水平、产业发展水平等阻碍或扰乱主体和客体的信息流动的因素"（Johanson & Wiedersheim-Paul，1975）。"心理距离"的概念被北欧学派用于分析、解释企业选择海外市场由近及远的先后次序。当企业面临不同的外国市场时，往往遵循心理距离由近到远的原则次序进行选择。Johanson 和 Wiedersheim-Paul 研究发现，丹麦、挪威、芬兰等邻国往往是瑞典企业首选的海外市场。因为企业在一个相对熟悉的环境下经营成功的概率远大于在一个完全陌生的环境下。

但是，"心理距离"模型只能解释企业国际化阶段中由近及远的选择策略，并不能对企业国际化的卷入程度进行衡量。为此，Johanson 和 Vahlne（1990）构建了一个企业国际化动态模型。通过对企业国际化"状态"（State）和"变化"（Change）方面的变量进行区分，该模型对企业国际化卷入程度进行了有效的衡量。状态是指企业的市场投入（即对外国市场投入资源）和拥有的对国外市场与经营的知识；变化则指企业投入资源的决定和当前的经营活动。一个基本的理论假设是：市场知识状态和市场投入会影响到投入决策和当前经营活动方式的变化；反之，投入决策和当前经营活动的变化也会影响到市场知识状态和市场投入的改变（见图6-1）。

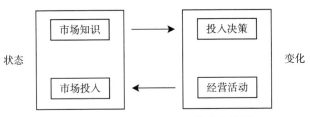

图6-1　北欧学派企业国际化动态模型

市场知识分为两部分：一类是一般性的或通用性的企业经营知识和技术，即可以从教育过程、书本中学到的客观知识；另一类是只能通过亲身的工作实践积累到的，关于特定市场的知识和经验，又称经验知识。海外市场的经营决策取决于决策者对外国市场机会和风险的认知。同时，企业对特定市场知识的应用可以从一国转移至别国，进而加速企业国际化的进程。因此，企业海外经营的经验决定海外经营活动是北欧理论的关键假设。

投入资源的数量和投入的程度是组成市场投入的两种因素。资源的数量可按对市场投资（市场营销、组织、人员等）的规模来计算；投入程度则指发现并转向另一种资源的重视程度。

关于市场知识和市场投入之间的直接关系存在如下假定：市场知识可以被看作是人力资源的一部分，对市场知识掌握程度越好，资源就越有价值，企业就越可能在此方面进行投入。从经验的角度来看，这种假定非常合理。

当前，跨国企业如何获取国际化相关方面的知识和经验呢？其中，非常高效的一种手段就是通过日积月累的市场经营活动，跨国企业通过自身在海外市场上经营活动的日积月累来不断地积攒国际化相关方面的知识和经验。当跨国企业处于国际化的试探性阶段时，其由于缺乏对海外市场上各自信息的了解和获取，这时候降低风险的最好办法就是降低对海外市场的投入。但是随着跨国企业在海外市场上经营活动的逐渐增加以及相关方面的市场知识和经验的日积月累，跨国企业能够从当前现有的海外市场经营活动中去获取和积累某些海外市场上的知识和经验，这些特定的海外市场上的知识和经验又将成为跨国企业进一步重新认识和开拓海外市场机会的新基础，进而促使跨国企业在海外市场上投入更多的资源。这便是跨国企业国际化的动态理论基础和原理。

同时，Johanson 等认为该理论也存在一些特例：一是如果企业拥有大量资源的话，进入更高的国际化阶段前它将经历较小的投入试验，如 20 世纪 60 年代的美国公司；二是当市场条件是稳定的且同质的时，相关的市场知识不仅仅来自经验，而是能通过各种途径来获得；三是当企业拥有大量条件相似的市场经验时，它可以将这些经验进行模式化，并运用到其他特定的市场。

三、泊尔穆特（Perlmutter）的 4 阶段理论

在罗宾逊理论的基础上，泊尔穆特（Perlmutter）将国际化经营中包括不同国别、种族的文化问题考虑在内，进而提出了 4 阶段理论。

第一阶段为国内指向阶段，泊尔穆特认为企业国际化经营在第一阶段就应拥有国外子公司。此阶段的各子公司的经营理

念、价值观、生产与管理方法等完全是母公司意图的翻版，子公司的高层管理人员也都是母公司派遣的。因而，此阶段又叫"本国民族中心主义阶段"。一切只从本国民族利益出发的经营管理方式，用日本某企业家的话说，就是一切都"属于日本人、依靠日本人、为了日本人"。

第二阶段为当地化阶段。随着事业的发展，子公司与当地居民的接触不断增多，交流不断深入，第一阶段采用的一切从本国民族利益出发的经营管理方式逐渐不再适用，甚至开始成为当地子公司发展的重大阻碍。各地子公司为谋求自身进一步发展，势必会开始逐渐脱离原先一切听从母公司安排行事的轨道，争取自主权利，并选择"入乡随俗"以充分调动当地人员的积极性。因为进入这一阶段的企业其驻外子公司权限增大，仅财务管理仍集中在母公司，故此阶段又称"多中心主义"阶段。当地化的体现是多个方面的，如在人事管理上，企业在东道国当地市场的管理是本地化的，即对当地雇员进行培训，并给予当地员工和派遣员工同等的晋升机会，甚至表现出色的当地员工可以占据要职或者出任总经理；在生产经营方面，跨国企业在东道国当地市场上提高当地筹集原材料、零部件或者半成品的比例，即尽可能采用东道国当地的资源来进行生产和经营，而不是通过母公司的资源进口来安排子公司在当地市场上的经营和生产活动；在产品研发方面，通常是通过在当地设立本地化的研发机构来实现研发当地化，即实现真正意义上的研发本地化。因此，本地化要求跨国企业在当地市场上实现"管理本地化""生产本地化"以及"研发本地化"。

"Philanthropy"（企业慈善）这一新观念在企业国际化经营的当地化阶段中被日本企业界提出。这一新观念为跨国企业的国际化经营提供了非常宝贵的思想，其认为跨国企业能否在东道国市场上获得成功主要取决于能否完全了解东道国当地市场上各个利益相关者的需求，如是否了解当地的语言，是否熟悉当地的文化习俗，是否了解当地利益相关者对于国旗的态度，是否了解当地的禁忌，是否了解当地的价值观和社会规范，等等。

第三阶段为区域指向阶段。"多中心主义"虽使各子公司能更好地适应当地市场环境，但随着企业发展，子公司分布地区不断增多，这些管理不统一、经营方式分散且独行其是的子公司造成了企业整体的无效性。因此，母公司开始把政治、经济、文化等相类似的几个国家或地区作为一个区域管理单位，设立区域决策机构，以便于把母公司的战略意图同该区域具体情况结合起来进行有效的管理，既能加强统一管理，又能适应各地市场。

第四阶段为世界指向阶段，或者称之为"全球一体化阶段"。虽然建立区域性的决策机构能够在区域层面对跨国企业各子公司进行更为高效的管理，在一定程度上克服"多中心主义"的某些弊端，但是，随着跨国企业国际化程度的进一步加深，其各个子公司的国际化分工更为明确，各子公司之间也将形成较为紧密的相互依存关系，这时候如何协调各区域间的各个子公司，实现整体利益最大化将是跨国企业面临的重大问题。因此，在这个阶段，为了实现跨国企业整体利益的最大化，就需要培育和打造跨国企业的全球动态管理能力。全球动态管理能力是一种独特的能力，而非一般能力，其有助于帮助跨国企业应对复杂多变的国际商业环境（Tasheva & Nielsen，2020）。全球动态管理能力能够帮助跨国企业去感知国际市场中的潜在发展机遇，并抓住这些发展机会，从而重新对跨国企业所拥有的资产和能力进行配置和转移，进而在比较长的一段时间内获得国际市场上的竞争优势，并最终获取超额绩效。

四、安索夫（Ansoff）的 3 阶段理论

安索夫提出了跨国企业国际化的 3 阶段理论，归纳总结出了企业经营由低到高的不同形态。安索夫认为企业的国际化分为三个阶段，分别是：出口阶段、国际阶段和跨国经营阶段。

第一阶段为出口阶段。通过国外代理商在当地市场销售产品是企业国际化经营的第一步。但是随着出口产品的扩大，销售成本和零售后服务成本的提高成为通过代理商销售需要考虑的问题，代理商销售已不能够满足企业进一步扩大出口计划的需求，另外东道国当地市场上的竞争者对企业的出口行为也会采用一定的策略，能否在东道国市场扎根便取决于企业产品的竞争力强弱。于是企业为降低成本增强竞争力，同时也便于直接了解当地市场的变化，会通过在海外市场设立跨国企业自己的销售机构来取代代理商。由此可以看出，安索夫将跨国企业国际化经营的第一阶段划分为两步：首先是通过代理商来销售产品，其次是跨国企业设立自己的销售机构。这两步实质上已说明了企业形态的两种变化。

第二阶段为国际阶段。当企业具有出口业务后，便可以通过建立自己在当地的销售机构实现在当地市场上扎根，企业应选用更有利于自身的经营战略以进一步占领或扩展市场。安索夫的观点认为，为了能够将企业的营销活动掌握在自己手里，实现对营销活动的全过程控制，就不得不进行市场细分化。但进行市场细分化却为跨国企业在东道国市场上的经营带来了一定的困扰。因为市场细分化能够导致当地的政府对跨国企业设

置一些贸易壁垒，进而实现改善东道国国际收支状况。"壁垒"显然不利于外商企业的营销活动。如何设法降低由壁垒造成的过高成本，成为这些企业为保住已有的市场份额，抵挡当地企业剧烈竞争的冲击所必须考虑的问题。直接投资进行就地产销便成为这些企业可以选择的最佳方案。而就地产销的成本是否比存在贸易壁垒时出口成本更低以及企业生产经营所需资源等是否得到保证关系着企业是否会选择直接投资，其中的关键便在于子公司必须拥有相对于当地的技术优势。而且为适合当地要求，这种技术优势又必须能与当地技术、文化融为一体，于是企业在当地开展研究与开发活动就成为不可或缺的课题。同时，企业也要在当地开展多样化经营。

第三阶段为跨国经营阶段。在安索夫看来，企业的竞争范围此时已扩大到全球，企业国际化经营的终极目标便是总公司要把子公司所在各国之间、各子公司之间的经营资源加以合理配置。同时，全球活动范围里考虑的多样化经营的财务管理也是企业要考虑的问题。

五、中国企业的国际化发展阶段模型

有研究发现，在世界 100 个知名品牌中，有近 85% 的品牌是经历了超过 50 年的时间才培育起来的。在我国，有研究分析一个品牌的导入通常大概是需要花费 3~5 年的时间，且导入的成本大概是在 8000 万至 1 亿元。在美国，有研究发现，一个品牌的导入通常大概是需要花费 3 年及以上的时间，且导入的成本大概是 7000 万至 8000 万美元。而如果在全世界导入就需要更长时间，以及高达数十亿美元的资金。与发达国家的先进跨国企业相比，中国企业目前还存在着一定的差距，尚不具备快速导入全球化品牌的一些基础和条件。因此，中国企业应参照国际化阶段理论，结合自身实际情况，逐步推进自身的国际化过程。基于此，学者董惠梅提出中国企业的国际化阶段模型，其将中国企业的国际化过程分为四个阶段，分别是预国际化阶段、初步国际化阶段、品牌国际化阶段和当地化阶段，具体来说：

（1）预国际化阶段：品牌在母国市场上培育强势品牌的过程。在母国建立企业并发展一个民族品牌是品牌进行国际化的开始。根据 Edrardsson、Edvinsson 和 Nystom（1993）的理论，母国市场的资源和环境条件会对企业的国际化进程产生非常重大影响。另外，Quelhc（1993）指出，全球品牌在母国市场上也一定是强势品牌。因此，如何在母国市场上成为最强势品牌是企业应当首先要考虑的事情。

在这一阶段，企业随着其在母国市场上的不断扩张，会遇到较低的技术能力、效率较差的生产体系、合格的技术人员及企业经营经验的缺乏等问题。为了解决这些问题，企业可采取 OEM 合同安排、与国外企业建立合资企业及外聘有经验的员工等方法。而企业进入国外市场时通常采取前两项做法。OEM 战略是指企业通过承接发达国家企业的委托加工业务，迫使自身生产符合发达国家高标准的高质量产品，进而提升自身生产技术能力的战略思想。广东格兰仕能在不到十年的时间就从一个不知名的乡镇企业发展成为占据国内微波炉市场 75% 份额的当今全球最大的微波炉生产企业，依靠的正是 OEM 战略。法国、日本和韩国的合作企业为格兰仕提供了微波炉生产线与配置装置等设备，而格兰仕则以成本价向这些合作企业提供生产微波炉所需零部件。通过这一合作，法国、日本和韩国的合作企业降低了自身成本，格兰仕则几乎不花钱就集成了全球众多名牌微波炉生产制造厂的生产设备与生产技术等优势资源。

与国外企业建立合资企业，或从国外或其他部门吸收合格的员工（有企业经营经验或有技术）也是企业提高技术能力及获取经营经验，从而改进企业的产品质量和服务质量，增加顾客满意度的一种手段。企业产品和服务的信任度使企业在母国销售自主品牌产品时会得到提升。最后，企业在母国将享有同类产品品牌的忠诚度和大量的市场份额并初步为国外 OEM 客户市场所了解。

（2）初步国际化阶段：全球领导性市场运营能力的培育。在国外，特别是在三个能够领导全球的市场，即美国、日本和欧盟建立市场是这个阶段的主要任务。以偶尔的出口或按国外合作伙伴的要求而开始海外经营的企业国际化经营最初是渐进的。但是，随着在第一阶段国内市场的成功，为扩大海外销售，企业应计划在海外市场有效利用其竞争位势。之后如果可能，企业应致力于在海外市场，特别是在三个全球领导性市场发展品牌知觉。

由于国际化所需的国际经营知识和资源的缺乏导致的海外扩张和品牌发展受阻是企业在这一阶段常遇到的问题。此外，企业常常由于其发展早期为快速扩张而使用的低价产品和低价战略使得自身处于低层次的品牌联想境地。在这个阶段，企业往往同样会采取第一阶段所使用的 OEM 战略和建立合资企业战略作为自身进入海外市场的战略。特别是三个全球领导性市场，由于企业在那里可以获得必不可少的互补资源，并利用发达国家的品牌易于在发展中国家传播的优势，往往成为企业的选择。为了能以自主品牌身份在东道国销售低价产品，企业往往会选择采取与东道国企业建立合资企业的方法。这一方法可以降低企业进入东道国市场可能遇到的政治、经济、社会和文化风险，并加速企业的学习过程。韩国企业在其国际化过程中大多采用这一方法。在这一阶段，因为 OEM 战略能帮助企业花费较小努力就能获取先进技术同时进入国外市场，所以为了达到销售最大化、获得全球市场份额的目标，企业在采用低价战略的同时往往也会使用 OEM 战略。海尔就曾通过 OEM 的方式进入美国市场，Giant 和 Trend 在国际化早期也采用过这种方法。虽然价格具有竞争力，但由于能力和资源的缺乏，企业品牌声誉也会由于自主品牌之下的低档、低质产品的投放而处于危险境地。但合资企业及 OEM 合约的执行应当在这一阶段后期使企业产品质量得以改进。当产品以自主品牌在全球三大市场销售时，企业便开始从品牌知觉——国际化品牌资产的一个维度上获益。此外，企业在海外 OEM 市场的声誉也会因为 OEM 品牌之下的市场份额的增加及产品质量的提高而有所提升。

（3）品牌国际化阶段：在第二阶段所取得的国际市场经营经验的基础上，企业开始致力于在国际市场，特别是在全球三大市场发展其自主品牌。

这一阶段企业首先遇到的问题就是随着国际化进程的推进，企业能力不断提高，发达国家的技术支持和技术转移不可避免地越来越少。在此背景下，企业与其 OEM 顾客的冲突会难以避免地逐渐增多。例如，Giant 公司就曾与其 OEM 顾客产生冲突，OEM 顾客威胁减少甚至取消 OEM 合同。因此，随着国际化的推进，企业应适时采取适当的手段逐渐减少 OEM 的使用，以避免企业收入锐减。在发展国际品牌时应采取三种措施：①开发具有时尚设计的新产品，以提升顾客对企业产品的质量预期；②通过赞助全球性活动增强世界范围的品牌知觉、品牌联想或品牌认知，如 Samsung 成为 2002 年世界杯足球赛的赞助商，联想成为 2008 年北京奥运会的赞助商等；③重新命名企业品牌，以产生新的品牌联想。2003 年联想集团启用新标识，以"Lenovo"代替原"Legend"标识，并在全球范围内注册。此次企业标识的更换，成为联想品牌走向世界的里程碑。

（4）当地化阶段：在全球三大领导市场树立好的品牌声誉之后，进入企业转而聚焦第三世界国家等发展中国家市场的拓展。其在第三世界（包括发展中国家和欠发达国家）品牌发展的第四阶段。品牌国际化的逐渐成功使企业成为产业中的领导性企业，但在第三世界，品牌联想仍然相对较新，因而在这些市场不能享有较高的品牌联想。本阶段的任务是克服在第三世界的低品牌联想。

正如以上所提到的，在第三世界的低品牌联想是本阶段的一个主要问题。品牌当地化，包括赞助当地活动，在当地做广告，使用当地新闻媒体，向当地人出售股份及雇用当地劳动力是处理此问题的主要方法。

当地生产是与当地化相关的一个问题。企业为了实现当地化，必定拓展生产中心以接近世界市场。LG 电子在中国、印度、印度尼西亚建立生产中心。这些国家当地生产的 60% 的产品在当地市场销售，其余销往邻国。以当地生产代替从母国进口，导致母国生产减少，公司总部开始缩减。

六、子公司视角的企业国际化阶段

当前关于企业国际化阶段的相关理论在对企业的国际化进行研究时，通常只研究企业"走出去"的情形，即企业国际化阶段理论只是对跨国企业是否在东道国境内开展经营进行了简单的分析，而没有对跨国企业"走进去"进行深入的分析，即其尚未对跨国企业在东道国的具体经营状况展开分析（指的是跨国企业在东道国境内的发展经营是否获得了成功，其是否真正占领了当地市场，其所提供的产品或服务在当地市场上是否具有很强的竞争优势，其在当地市场是否具有话语权，等等），且现有研究大都基于母公司的视角对其国际化过程展开分析，缺乏从子公司视角对跨国企业如何一步一步在东道国市场上实现"走进去"进行研究和发掘。因此，本书通过对跨国企业在东道国市场上获得巨大成功的案例（指的是海尔在泰国、TCL在越南以及中兴在欧洲的发展经营历程）进行深入的分析、研究，归纳出了企业在东道国市场上"走进去"的四个阶段，分别是初探期、开拓期、扩展期和成熟期（见图6-2）。

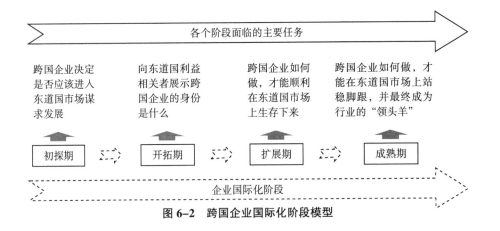

图 6-2　跨国企业国际化阶段模型

（1）初探期：指的是跨国企业在准备正式进入某东道国市场时，对东道国市场进行深入了解、研究的那段时期。在此阶段，跨国企业面临的主要任务是决定企业是否需要进入东道国市场谋求发展。对于跨国企业来说，国际化是一项具有非常大风险的行为，企业进行国际化所面临的风险往往比研发投入、更换高管等行为的风险程度更大，很多跨国企业迈出国际化的第一步通常都经历了较长时间的慎重思考。例如，海尔2002~2007年在泰国市场一直是进行试探性的出售，在这期间，海尔泰国的负责人在充分衡量了泰国市场的潜力及深入了解了泰国市场的相关法律法规及政策后，才做出了要进入泰国市场进行全面发展的战略决定；TCL集团总裁李东生则在1998年亲自带队对越南市场进行考察，以能够全面了解越南市场的法律、规则及发展潜力，并于1999年决定要开辟越南市场；中兴在决定进入欧洲市场时，对当时整个欧洲市场进行了系统的评估。由此可以看出，在初探期，跨国企业的主要任务就是全面了解某东道国市场的发展潜力，了解东道国当地的投资环境，以决定是否要进入东道国市场进行进一步的发展。

　　（2）开拓期：指的是跨国企业在决定进入东道国市场后，向东道国境内的利益相关者展示跨国企业的身份，并努力消除东道国利益相关者对跨国企业存在的某些不好印象或偏见的那段时期，即回答利益相关者跨国企业在东道国的身份到底是什么的问题。比如海尔在决定进入泰国进行进一步发展时，为了避免其利益相关者对中国制造的偏见，通过在泰国自建工厂、研发基地，向其利益相关者展示海尔是一家设计生产销售三位一体的泰国本土化企业，从而向利益相关者宣称海尔泰国的身份是泰国本地的身份；TCL在越南也面临着与海尔在泰国类似的问题，TCL通过在越南建立生产研发基地，并向利益相关者标榜企业所拥有的美国技术、日本质量等，来展示自己企业的身份，以获得越南当地利益相关者的认可；而中兴通讯则一直向其欧洲客户展示其先进的技术，并积极通过欧洲当地的技术认证，以努力改变中国企业在技术上落后的不良印象，且其强调中兴是一家"总部在中国深圳的跨国公司",努力避免其受到欧洲利益相关者对中国企业所存在偏见的影响。

（3）扩展期：指的是跨国企业在东道国境内建立工厂后，通过采取合适的措施来对员工、上下游供应商及其他利益相关者进行管理，以确保跨国企业能够在东道国市场上得以生存下去的那段时期。跨国企业仅靠其自身是很难在东道国市场上进行生存和发展的，因此，其需要努力得到利益相关者的协助或配合。在此阶段，跨国企业面临的主要任务就是要确保其企业能够在东道国市场上顺利存活下来，并尽最大努力在东道国市场上与其利益相关者建立良好的关系，以能够让跨国企业在东道国境内顺利经营下去。为了实现这一目标，跨国企业往往会采取符合东道国行业行为规范的方式对其利益相关者进行管理，以向同行业的其余企业证明跨国企业的管理方式是合乎行业行为规范的，进而避免同行业的其他企业对其进行打压，进而得到利益相关者与其进行合作的可能，最终实现跨国企业在东道国市场上顺利生存下来的目标。

（4）成熟期：指的是跨国企业在东道国境内顺利存活下来之后，为了能够在东道国市场上站稳脚跟，且在东道国市场中具备很强的竞争力，所采取的一系列有区别于其他企业战略行动的那段时期。在此阶段，跨国企业面临的主要任务就是确保其企业能够在东道国市场上获得很强的竞争优势，而不仅仅是存活下来。为了达成这一目标，跨国企业往往会对自己的产品或服务进行升级、改进，进而能够为消费者提供更好的产品或服务，尽最大可能满足消费者的独特性需求，以能够提供给消费者有别于其他企业的产品或服务，从而能够得到消费者的青睐，并在市场上提升企业自身的竞争力，站稳脚跟，并最终成为能够引领当地相关行业发展的先驱者。

第七章
跨国企业合理化战略

一、研究方法

扎根理论（Grounded Theory）是通过采集数据并对数据进行分析的一般性系统研究方法（陈晓萍、徐淑英和樊景立，2008），其通过运用系统应用的方法来产生实质性领域的相关理论（Glaser，1992）。通过在理论中扎根，可以看到对观察到的社会现象和问题进行深入有效的研究，构建相关理论以弥补现有研究的缺陷和不足。扎根理论是许多领域基于经验的一种理论发展方法。扎根理论起源于 Glaser 和 Strauss（1967）基于经验的社会学理论。在社会科学领域，它是分析定性数据的一种普遍方法。扎根理论已经将分析和抽取经验数据到类别和理论结构阶段系统化了。扎根理论寻求发展理论的概念和概念之间的关系（相关关系或因果关系），不限于特定的分析单位、时间或位置（Mello & Flint，2009）。

案例分析既可以重新验证自己的理论，也可以通过案例分析产生新的理论，还可以在证明现有理论的过程中产生新的理论。因为案例分析的目的是产生新的理论和实证现有理论，在实证现有理论的过程中，除支持现有理论的有效性外，往往可以对现有理论产生一些新的观点，这些观点可以扩展或缩小现有理论的使用范围，案例研究是经验性研究，而不是纯理论性研究。案例研究的意义在于回答"什么"和"怎么样"的问题。根据研究目的的不同，案例分析可以分为探索性、描述性、解释性和评价性四种。各种案例研究方法的主要目的和研究侧重点如表 7-1 所示。

表 7-1　案例研究方法

案例研究类型	主要研究目的	研究侧重点
探索性案例研究	寻找对事物的新洞察，或尝试用新的观点去评价现象	侧重于提出假设或命题
描述性案例研究	对人、事件或情景的概况做出准确的描述	侧重于描述事例
解释性案例研究	对现象或研究发现进行归纳，并最终做出结论，对相关性或因果性的问题进行考察	侧重于理论检验
评价性案例研究	对研究的案例提出自己的意见和看法	侧重于就特定事例做出判断

其中，探索性案例分析多用在自己研究的基础上，扩展和补充现有理论，产生新的理论假说和研究命题。因此，本书尝试从新的视角探索跨国公司和品牌的国际化过程，尚未形成准确的理论假设，适合采用探索性案例分析的方法进行初步的概念模型构建。

为了能够归纳和挖掘出跨国企业在海外市场上所采取的各种战略行动以确保其能够在东道国市场上顺利生存下来，并能够在当地市场上获得一个较好的发展。本书对我国的一些跨国企业在海外市场上的表现进行了归纳和分析，总结出了品牌在海外市场上的合理化战略。本书通过扎根、归纳及总结，得出了四种合理化战略：产出合理化战略、管理合理化战略、身份合理化战略以及要素合理化战略。具体内容如表 7-2 所示。

表 7-2　合理化战略的内涵及表现形式

合理化战略	分类	内涵	具体表现及内容
产出合理化战略	产品合理化战略	满足消费者对产品功能的需求	满足东道国消费者对香味的需求：海尔推出芳香洗衣机；满足东道国消费者对产品水压的需求：海尔推出零水压洗衣机；满足消费者对食物冷冻、保鲜较高的要求：海尔设计出了上面为冷冻、下面为冷藏的冰箱；满足消费者对产品节能的需求：海尔设计出了泰国市场上最省电的单门冰箱；满足当地消费者对电视信号强的需求：TCL 开发出了超长接收、防雷击的彩电。满足消费者对产品最优功能体验的需求：中兴推出了能够从多个方面为用户提供最优功能体验的 AXON 天机手机，如拍照上，其能够实现更好的景深拍摄和 4K 高清视频摄制体验；在声音的录制和输出方面实现了超高清 HIFI 音效；为了让手机隐私更安全可靠，其集合了声纹、指纹、眼纹"三纹"解锁功能
		满足消费者对产品款式的需求	满足东道国消费者对产品款式的需求：提供款式多样的双缸洗衣机
		满足消费者对产品颜色的需求	满足东道国消费者对产品颜色的需求：设计出了色彩斑斓的冰箱；TCL 在电视显示技术领域有着卓越的成就，其呈现的量子点显示技术，能够在红绿蓝光谱中显示出更精细更鲜艳的颜色，目前色域值 NTSC110%已达世界顶尖水平，为消费者带来了全新的电视画面视觉体验
		为行业设立新标准	采用先进的技术：海尔推出的磁悬浮节能空调，获得了泰国能源部的永久展示权，并为行业节能设立了新标准
	服务合理化战略	满足消费者对产品维修期限的需求	提供长期保修服务：海尔在泰国市场上率先对产品提出"三年保修"服务；提供长期维修与短期退货服务：TCL 在越南市场上提出了"三年免费维修，一月内无偿退货"服务
		提供的服务成为行业典范	为当地的售后服务创立新规范：海尔在泰国的"三年保修"服务被当地的企业纷纷效仿
		满足消费者对产品维修速度的需求	提供及时维修的服务：TCL 基本在每个省都有特约维修站，客户都能享受到及时的维修处理；中兴在欧洲当地设立客户服务和培训中心，给消费者提供及时的维修服务；提供快速维修的服务：TCL 采取快速上门维修的方法，如果故障比较复杂一时间难以解决，就会给客户一台备用机先看着，等修好了再换回来
		为当地客户提供系统服务	为客户提供相关服务及培训：中兴在欧洲当地设立客户服务与培训中心

合理化战略	分类	内涵	具体表现及内容
管理合理化战略	内部管理过程合理化战略	满足当地员工对薪酬的要求	给予当地员工较好的待遇：在公司内部，TCL 给予越南员工的待遇按当地标准衡量属于较好待遇；尊重当地员工的人格：从 TCL 越南工厂实地考察情况来看，对当地员工的人格也比较尊重
		尊重当地员工	
		使用东道国当地的语言与员工进行沟通	学习东道国当地员工的语言及文化：所有被派到越南的 TCL 员工都必须先过语言这一关，否则无法立足；在被派驻到东道国当地时，员工都必须事先了解当地的文化及风俗习惯、禁忌等
		对员工的管理采用本地化	管理层实现本地化：海尔在泰国除了基层员工是本地人之外，企业中层干部都是本地人，高层干部中也有很多是本地人；不论是 TCL 公司总部，还是河内、岘港等分公司，中层干部基本上都是越籍员工；中兴在欧洲的本地化员工占比超过了60%。满足员工的个人诉求：由于日本人对私人空间的追求，海尔给日本留任的员工提供单独的宿舍；由于欧洲当地员工非常反感加班，中兴选择尊重当地员工的不加班决定。满足当地员工对色彩的追求：泰国工厂里面的每个房间、每扇门都贴上了鲜艳明快的海尔标识；穿上色彩鲜艳的泰式服装进行管理
	外部管理过程合理化战略	为经销商提供帮助及服务	给予东道国经销商最大的帮助和服务：越南的经销商采访说："公司领导经常来拜访，能够用最快的速度，帮助我们克服和解决困难。"TCL 充分发挥了服务与沟通的优势：经常与客户在一起，以便更好地沟通和帮助他们销售
		与经销商建立感情联结	与东道国经销商增强感情交流：现在一个月中，TCL 的 COO 王成会有一半的时间花在拜访客户的路上，特别是越南的各个省城。由于越南经销商非常重视感情因素，所以 TCL 在维护渠道上加强情感营销，让代理商形成归属感，且频繁主动与经销商联系、聚会，以增进了解和感情
		以经销商认可的方式去打动经销商	邀请管理日本企业的总裁给经销商讲话：在海尔召开泰国经销商大会时（由于泰国经销商对日本管理者的崇拜），王晓总经理还特地从日本请来海尔亚洲的杜镜国总裁上台讲话，杜镜国一口流利的日语，把经销商们全震撼了。向经销商展示企业产品的过硬质量及技术：在泰国，由于经销商非常注重产品的品质，因此海尔便给经销商展现其产品高质量的一面；由于德国非常重视产品的技术，中兴便向其经销商展示产品先进的技术。按要求组建服务队伍：由于欧洲的运营商要求电信公司必须要在当地有自己的服务队伍，因此中兴通讯在欧洲建立了其服务队伍

续表

合理化战略	分类	内涵	具体表现及内容
身份合理化战略	个人身份合理化战略	生产本地化	在东道国本地建立生产基地：在当地建立洗衣机工厂、建立空调工厂、彩电生产工厂
		研发本地化	在东道国本地建立研发基地：在当地组建自己的研发团队；在当地设有研发中心
		销售本地化	在东道国本地建立销售网络：在当地建立独资销售公司；自建销售网络
		资本本地化	使用东道国本地的资本：使用当地的资金进行发展
		运输本地化	在东道国本地建设运输基地：在荷兰、土耳其部署覆盖欧亚大陆的物流中心
	社会身份合理化战略	践行企业在当地的社会责任	为灾区群众提供免费服务：2011年8月开始，泰国中部和北部遭受了20年一遇的特大水灾，灾区的交通和生活受到严重影响。当泰国海尔的售后服务人员接到灾民客户的家电泡水报修电话后，公司紧急调度平底船，第一时间赶赴现场，解决群众的实际困难。同时在严峻的条件下，海尔为用户送货上门，并对用户家中用电情况进行检修、帮助用户免费保养家电。为当地学校捐赠相关产品：向越南贫困地区中小学提供捐赠，除现金外，还包括不少TCL生产的IT产品，用于捐赠接受者的教学；给当地社区学校安装变频空调。为社会提供就业岗位：TCL越南公司为当地提供了4000多个就业岗位；海尔泰国生产工厂为泰国当地提供了超过2000个工作岗位。关爱当地儿童：中兴为波兰患病贫困儿童捐款，慰问Chotomow孤儿院，为孩子们送去圣诞礼物；在西班牙，中兴与当地儿童慈善机构SoarDespierto共同为孤儿和家庭成长环境不佳的儿童筹集善款。为遭受灾害的群众捐款：TCL越南公司还积极参与当地的公益事业活动，为遭受水灾等自然灾害的群众及残疾人捐款，并捐资助教。成立各种基金：TCL与越南共青团中央共同成立"TCL优秀青年基金"，并组织越南优秀青年来中国参观学习；向"感恩答义基金会"赞助3000万越南盾；成立"TCL希望工程基金会"；等等
要素合理化战略	要素合理化战略	遵守东道国本地的相关法律法规	遵从东道国当地的工资标准：海尔按照法律规定，每年12月25日之前将明年工资的涨幅确定下来；针对通货膨胀，TCL按照法律规定，给越南员工提薪10%，尤其调高了重点岗位员工工资。遵从东道国当地的海关报关法律法规：了解和研究泰国、越南及欧洲等国的海关报关等情况；TCL将海关报关事宜交给越南当地人来做，他们轻车熟路，各项事宜应当可以办妥；TCL还获得了"遵守越南海关法律出色奖"。遵从东道国当地的税收法：TCL获得"实现缴交进口税成绩出色奖"。遵守东道国当地的劳工法律法规及政策：中兴拒绝雇用童工，且保证不使用任何形式的强迫劳工，明确与员工切身利益相关的事项变更的最短通知期。遵守东道国当地的管理法规：中兴严格遵守欧洲各国废弃电子设备管理法规，并积极推动废旧产品的回收及资源循环利用

合理化战略	分类	内涵	具体表现及内容
要素合理化战略	要素合理化战略	遵守东道国相关行业的准入标准	遵从东道国当地的质量标准：由于泰国非常认可日本产品的质量，因而采用日本的质量标准；中兴在德国、荷兰、土耳其等地的分支机构获得 ISO/IEC 27001：2013 认证。遵从东道国当地的许可证办理及行业准入标准：了解泰国、越南及欧洲各国的相关行业许可证的办理及行业准入标准
		遵从东道国政府的相关政策要求	积极迎合东道国当地政府的相关政策：迎合泰国"工业 4.0"战略；TCL（越南）有限公司总经理助理、中国商会胡志明分会秘书长王慧君先生说，"前几天我们商会在与胡志明市相关领导交流时了解到，越南企业未来的发展方向就是'环保、高科技和低劳动力密集型'。这是越南政府的导向，也是我们企业发展的方向"。遵从东道国当地的投资政策：了解和研究泰国、越南及欧洲等国的投资政策，积极遵守东道国的投资法

资料来源：笔者整理。

二、要素合理化战略

（一）定义及内涵

　　要素合理化战略指的是跨国企业在准备进入东道国进行产品经营时，将其所拥有的要素（包括税收政策、劳动力资源、技术标准等）以符合当地的管制标准来进行，进而缩小跨国企业母国制度环境与东道国制度环境之间的距离。跨国企业要想进入东道国进行生产和经营，就必须符合当地政府对企业的所有管制要求，如遵守东道国当地的相关法律法规、遵守东道国当地的行业准入标准、遵从东道国政府的相关政策要求等。通过采取要素合理化战略，能够让跨国企业符合东道国政府对于跨国企业进入本国生产经营的管制要求，也是跨国企业在进入东道国进行生产经营的必要条件，因为如果跨国企业出现违反东道国政府对企业跨国经营管制方面的要求，跨国企业就会被东道国政府赶出本国，进而丧失了在东道国进行生产经营的机会。

由于各个国家的经济发展水平不一样，法律体系也不一样，且文化及价值观也存在着较大的差异，导致跨国企业在进入海外东道国市场时，就不得不确保跨国企业的子公司在东道国本土市场上的所有要素均要符合东道国市场的标准和价值体系。原因在于：一方面对于东道国政府来说，跨国企业在东道国市场上的所有行为都要符合东道国的制度体系，都要在东道国政府的规章制度下运行，如跨国企业在东道国市场上的员工薪酬要符合当地政府的标准和要求，在东道国市场上的所有行为都要符合当地的法律法规；另一方面对于东道国政府来说，跨国企业在东道国市场上的经营活动要能够为当地市场做出贡献，而不是对当地市场进行资源掠夺。

因此，为了尽可能降低或消除东道国广大利益相关者们（包括政府、消费者、合作伙伴、民众、媒体、非利益组织等）的疑虑，跨国企业必须要执行和采取要素本地化战略。通过将跨国企业自身在生产经营过程中所用到的各种要素以符合当地的管制标准来执行或采纳，进而确保跨国企业的所有行为都是符合当地的法律法规的，都是依照东道国的法律体系来完成和执行的。

（二）示例

对于跨国企业来说，其执行或采取在东道国市场上的要素合理化战略能够帮助其子公司获得当地政府的认可和支持。且获得当地政府部门的认可和支持是跨国企业能够在东道国当地市场开展经营的首要条件。但由于母国与东道国之间在制度、文化、习俗等方面通常存在着较大的差异，导致对于跨国企业来说，执行要素合理化战略不是一件非常容易的事情。因为在很多时候，那些在母国市场上看似非常正确的行为，在东道国市场上却是被严厉禁止的。下面，我们将通过描述几个跨国企业的案例，来帮助了解和加深要素合理化的重要作用及价值。

案例 1：海尔目前在泰国已成为一面节能环保的旗帜。海尔在越南市场上的成功，离不开前期对泰国市场的考察。海尔早在 2007 年之前，就将产品出口到泰国当地市场销售，进行试探性销售，即出口贸易；通过出口贸易的形式，对泰国当地的投资政策、国家政策、经济发展以及当地市场上的竞争者等情况都进行了全面且细致的了解。经过近 6 年的试探性销售，才决定于 2007 年开始实施战略调整，推出"三位一体"战略，研发、制造、销售为一体，要努力成为当地本土企业。并在 2007年，海尔收购了三洋在泰国当地的工厂，并组建了当地的研发团队，建立了独资销售公司。此外，为了遵照泰国当地的工资标准，海尔按照泰国当地法律的要求，每年 12 月 25 日之前都会将明年的工资涨幅给确定下来。

通过海尔进入泰国的事件可以看出，确保跨国企业的所有行为符合东道国当地政府的利益诉求及法律要求通常需要花费大量的时间和精力，海尔花费了近 6 年的时间在泰国市场上进行试探性销售才决定要在泰国市场开办工厂。海尔这 6 年的试探性销售让其能够全方位地了解在泰国市场上哪些行为是合适的、哪些行为是被严厉禁止的，进而能够为其后续在泰国市场创办企业提供巨大的帮助。

案例 2：TCL 当前在越南市场上的占有率已经稳居前三，且其也成为越南消费者心目中最喜爱的家电品牌之一。TCL 之所以能够在越南市场上获得如此巨大的成功，主要是来源于 TCL在进入越南市场时付出的诸多努力及汗水。在 1998 年，TCL 集团总裁李东生意识到越南可能是 TCL 出海的一个重要市场，但当时我国企业的出海成功案例并不多，可借鉴的经验非常有限，再加上当时对越南整个市场并不了解。为了能够对越南市场进行深入的了解，TCL 集团总裁李东生意识到必须要对越南市场进行全方位、多层次的了解。因此，在 1998 年，TCL 总裁李东生决定亲自带领考察团对越南市场进行考察和了解。在这个考察团里面，有来自各个方面的 TCL 高层主管，为的是能够从多个层面、多个角度了解越南市场。考察团的主要目的是为了能够从五个方面进一步了解越南市场：国家政策、经济形势、相关产品市场状况、竞争对手情况以及当地的一些微观环境。其中，国家政策方面，主要了解的是越南当地的一些投资政策，如越南的投资法、相关投资方面的一些规定、政府对于海外投资的态度、行业的准入政策、当地的税收政策以及海关等情况，通过了解越南的投资政策，能够从宏观上了解和获悉越南对于外来投资者的态度；对于经济形势方面，主要了解越南当地的经济形势和状况，了解越南当地的经济发展和潜力，以评估 TCL 在越南市场值不值得投资；相关产品市场方面，主要了解的是与 TCL 同品类的产品在越南的生产及销售情况，产品市场潜力如何，以及相应的竞争对手都采取了哪些产品战略；竞争对手方面，主要是了解越南当地市场上 TCL 所面临的潜在竞争对手，在 1998 年的越南市场上，TCL 的巨大潜在竞争对手并不是越南当地市场上的企业，而是来自于日本和韩国的企业，日韩企业将是 TCL 进入越南市场上的强劲对手；最后是微观环境方面，主要了解的是在越南进行生产经营所需要面临的一些实际性问题，多是涉及消费者、渠道商、供应商等利益相关者的情况。经过深入的考察，TCL 集团总裁李东生决定开拓越南市场。

　　在 1999 年 2 月，TCL 由时任 TCL（越南）公司总经理易春雨（TCL 越南"开疆拓土"第一任总经理）博士开展在越南的前期准备工作，其带领一个由 4 人组成的团队来越南开展市场开拓工作。随后，TCL 又派遣了 12 个人陆续来到越南开展工作，包括生产、销售等方面的管理者，经过一段时间的适应性培训之后，这 12 个人开始在河内、胡志明市、岘港分头开展相应方面的工作。此外，TCL 进入越南市场采用了一个比较巧妙的对策，即采取了一个迂回战术，通过收购越南当地市场上原有的一家彩电企业——同奈电子公司，进而绕开越南现行的投资政策限制。TCL 在收购了越南当地的同奈电子公司后，将继续依托同奈电子公司生产 TCL 的系列家电产品，对越南政府来说，这家工厂还是原来的生产企业，仅仅是企业的投资方发生了变化，其余的并未发生什么变化，因此，许可证的办理非常容易，且没有 80% 的外销比例限制。同时，原有企业所拥有的注塑、喷油、插件机等设备其他当地企业几乎不具备，这使得 TCL 在越南市场上的竞争力更强。TCL 的这一收购举措可以说是进入越南市场非常重要的一步。

1999 年 10 月底，TCL 顺利拿到了在越南的经营许可证，12 月，TCL（越南）工厂正式投产。在越南，TCL 将海关报关事宜交给越南当地人来做，当地越南人轻车熟路，各项事宜应当可以办妥；越南当地政府为了表彰 TCL 在当地市场上的出色表现，给 TCL 颁发了"遵守越南海关法律出色奖"和"实现缴交进口税成绩出色奖"等政府奖励。

通过 TCL 在越南一步一步的发展可以看出，TCL 通过采用要素本地化战略顺利进入了越南市场，拿到了在越南的许可经营证。

三、身份合理化战略

（一）定义及内涵

身份合理化战略指的是跨国企业在东道国进行生产经营时，通过将企业的身份转变成符合东道国利益相关者认知的身份，进而增进利益相关者对企业的理解程度，根据组织身份的相关知识，企业的身份可以由个人身份和社会身份构成（刘云，2014），其中个人身份（Personalidentity）是指个体关于自身独特属性的自我认识（Turner，1982）；而社会身份（Socialidentity）则是指个体关于自己属于特定社会群体以及该群体成员资格所带给自己的情感和价值意义的自我认知（Tajfel & Turner，1979）。因此身份合理化战略包含个人身份合理化战略和社会身份合理化战略。

其中，个人身份合理化战略指的是跨国企业将其具有国际化背景的企业身份转变为具有东道国特色的当地企业身份，如在东道国当地设立生产基地、研发基地、营销基地以及使用东道国本地的资本进行生产等；社会身份合理化战略指的是跨国企业在东道国进行生产经营时要想方设法融入当地的社会群体，努力成为当地社会群体或东道国成员中的一员，如主动承担当地的社会责任，为社会提供就业岗位，为受灾群众捐款，成立各种基金等。身份合理化战略的目的不仅将跨国企业的身份转变成东道国的本地企业身份，而且还将跨国企业与当地社会群体及东道国紧密联系在一起，让跨国企业成为东道国当地成员中的一员，进而能够更好地消除东道国利益相关者对跨国企业的认知差异，从而得到东道国当地社会群体的认可，最终实现其在当地市场上合理性的提升。

（二）示例

对于跨国企业来说，其执行或采取在东道国市场上的身份合理化战略能够帮助其子公司获得当地政府的认可和支持。由于母国与东道国之间在制度、文化、习俗等方面通常存在着较大的差异，导致对于跨国企业来说，其在东道国市场上是外来者的身份，面临着身份上的威胁。如何让当地的利益相关者消除或者缓和跨国企业的外来者身份是非常重要的。跨国企业可以通过采取身份合理化战略，来让东道国市场上的利益相关者认为跨国企业是东道国市场上的本土企业。

案例 1：海尔于 2007 年收购了三洋在泰国的工厂，正式进军泰国市场。海尔在泰国没有保留三洋品牌，而是将原来三洋的销售渠道并入"海尔"旗下。海尔在泰国推出"三位一体"战略，即研发、销售、制造为一体；其依托三洋在泰国当地的工厂，并以工厂为基础，组建了当地的研发团队，在当地建立了海尔独资的销售公司，尽可能使海尔成为泰国本地市场上的一个当地企业。海尔在泰国的员工大都是泰国本地人，中方工作人员所占的比重不足 10%，这能够在很大程度上使海尔在泰国的工厂看上去更像是泰国本地的一个工厂。此外，海尔在泰国市场上花了很多的时间让泰国经销商了解海尔。例如，会带泰国经销商去看海尔的工厂，去看海尔的质量控制水平，并告诉他们，海尔在泰国的整个质量标准体系是以日本标准为基准的，质量控制团队是日本人在做；同时，让泰国经销商去中国看看海尔的总部、研发，以及在中国的产品和品牌；甚至带他们去日本、欧美看，看海尔在其他地方是怎样的，进而在泰国本地市场上建立了海尔自己的销售网络。

另外，为了更好地融入泰国当地市场，海尔还做了很多有益于泰国当地社会发展的事情，以展示海尔在泰国本地的身份。例如，2011 年 8 月，泰国中部和北部遭受了 20 年一遇的特大水灾，灾区的交通和生活受到严重影响。在泰国海尔的售后服务人员接到灾民客户的家电泡水报修电话后，公司紧急调度平底船，第一时间赶赴现场，解决群众的实际困难，同时在严峻的条件下，海尔为用户送货上门，并对用户家中用电情况进行检修、帮助用户免费保养家电。且海尔为了更好地融入泰国当地社会，还积极为当地社区的发展贡献力量。海尔泰国"公益行"走进位于 Prachinburi 的班达普社区学校（Ban Thung Pho Community School），践行企业社会责任，9 套崭新的海尔 Nebula 系列变频空调上岗，给学校送清凉，用舒适健康的自然风陪伴孩子们健康成长。

案例 2：1999 年，TCL 决定在越南当地建立工厂，并积极与当地的渠道商建立紧密的合作伙伴关系。TCL 在越南聘用当地人来进行产品的生产、销售和研发。以销售为例，在 2008 年，TCL 在越南的销售队伍约有 120 人，但只有八九个员工是来自中国，其余的均是当地聘用的员工。

为了更好地服务当地社会，TCL 做了很多努力。TCL 越南公司为当地提供了 4000 多个就业岗位；向越南贫困地区中小学提供捐赠，除现金外，还包括不少 TCL 生产的 IT 产品，用于改善受捐者的教学环境；TCL 越南公司还积极参与当地的公益事业活动，为遭受水灾等自然灾害的群众及残疾人捐款，并捐资助教；TCL 与越南共青团中央共同成立"TCL 优秀青年基金"，并组织越南优秀青年来中国参观学习；向"感恩答义基金会"

赞助 3000 万越南盾；成立"TCL 希望工程基金会"；等等。

上述这些举措，使越南当地的利益相关者认为 TCL 就是越南当地的一家企业，因为 TCL 的这些行为"与当地有责任感的企业相一致"甚至"远远超过了当地一些企业"。

四、管理合理化战略

（一）定义及内涵

管理合理化战略指的是跨国企业在进入东道国市场时，其通过以符合当地行业规范的方式对企业的管理进行调整，以期望被当地行业接受和认可的过程，其包含两方面的内容：内部管理合理化战略和外部管理合理化战略。其中，内部管理合理化战略指的是跨国企业对员工的管理方式与东道国本土企业的管理方式是否保持一致，如是否尊重东道国本地的员工、对员工的管理是否采用本地化的管理方式等，又如跨国企业在东道国市场上是否对本地员工表现出尊重、是否尊重本地员工的文化信仰及生活习俗等。外部管理合理化战略指的是跨国企业在管理东道国利益相关者时能够以符合当地利益相关者的行为规范要求进行管理，如是否能够及时地为其经销商提供帮助与服务、是否以东道国本地经销商认可的方式与其建立联系等。又如，跨国企业在东道国当地市场上是否遵照利益相关者的要求来进行产品的生产和推广，在欧洲，由于欧洲的运营商要求电信公司必须要在当地有自己的服务队伍，因此，中兴通讯在欧洲建立起了自己的服务队伍。跨国企业通过在东道国境内采用管理合理化战略，能够在很大程度上降低东道国利益相关者对跨国企业在管理规范上的差异，能够使跨国企业更加容易地加入到东道国本地的行业生态系统中，从而能够得到行业的接受和认可，进而达到提升其合理性的目的。

（二）示例

案例 1：海尔在泰国的管理处处体现出了管理合理化战略的相关内容。在海尔工厂里，周五下班后，中国员工和泰国员工会在工厂里的足球场上踢得火热。中方员工和泰国员工还经常相约一起打羽毛球。泰国人是公私合一的，如果工作中不喜欢你，就不会浪费周末跟你待在一起。

在海尔泰国工厂里，几乎每个房间、每一扇门都贴上了明快艳丽的海尔标识，穿上色彩鲜艳的泰式服装进行管理，既展示了海尔特色又体现了泰国风格。

由于日本人对私人空间的追求，海尔泰国还为留任的 5 名日籍管理者在公司附近租房子单住，且在曼谷给他们订公寓来度过周末。

海尔在泰国除基层员工是本地人外，企业中层干部都是本地人，高层干部中也有很多是本地人。

在海尔召开泰国经销商大会时，考虑到泰国经销商对日本管理者非常崇拜，王晓总经理还特地从日本请来海尔亚洲的杜镜国总裁上台讲话，杜镜国一口流利的日语，把泰国经销商们全震撼了。

在泰国，由于经销商非常注重产品的品质，因此海尔便给经销商展现其产品高质量的一面。

案例 2：TCL 在越南市场上的管理处处体现出了管理合理化战略的相关内容。在当地公司看来，TCL 给予越南员工的待遇按当地标准衡量属于较好待遇。从 TCL 越南工厂实地考察情况来看，对当地员工的人格也非常尊重。所有被派到越南的 TCL 员工都必须先过语言这一关，且都必须事先了解越南当地的文化及风俗习惯、禁忌等。

不论是 TCL 越南公司总部，还是河内、岘港等分公司，中层干部基本上都是越籍员工。在 TCL 越南公司河内分公司，从销售、财务等部门经理到一般销售人员，清一色都是从河内大学、越南经济大学、越南外国语大学等越南著名高校毕业的优秀大学生，他们已成为 TCL 海外事业的骨干力量。

越南的经销商采访说："公司领导经常来拜访，能够用最快的速度，帮助我们克服和解决困难。"TCL 充分发挥了服务与沟通的优势：经常与客户在一起，以便更好地沟通和帮助他们销售。在一个月中，TCL 的 COO 王成会有一半的时间花在拜访客户的路上，特别是越南的各个省城。由于越南经销商非常重视感情因素，所以 TCL 在维护渠道上加强情感营销，让代理商形成归属感，且频繁主动与经销商联系、聚会，以增进了解和感情。

案例 3：中兴通讯在欧洲的本地化员工占比超过了 60%；由于欧洲当地员工非常反感加班，中兴选择尊重当地员工的不加班决定。由于德国非常重视产品的技术，中兴便向其经销商展示产品先进的技术。由于欧洲的运营商要求电信公司必须要在当地有自己的服务队伍，因此中兴通讯在欧洲建立了其服务队伍。

五、产出合理化战略

（一）定义及内涵

　　产出合理化战略指的是跨国企业在东道国进行生产经营时，其所生产的产品和提供的服务都要最大程度地满足东道国消费者的相关需求，进而能够在最大程度上获得东道国消费者的认可，降低东道国消费者对跨国企业产品在规制、规范和认知上的差异。其中，产出合理化战略包括两部分内容：产品合理化战略和服务合理化战略。其中产品合理化战略的具体内容包括跨国企业在东道国所生产销售的产品是否充分考虑了东道国消费者的相关需求，如是否考虑了东道国消费者对色彩、容量、款式等需求，以及企业生产的新产品是否使用了先进的技术，且其技术是否能够有机会成为相关行业的新标准；服务合理化战略的具体内容包括跨国企业在东道国所提供的相关服务是否能够切实满足东道国消费者的利益需求，如是否延长了产品的售后维修服务时间、是否能够为消费者提供及时有效的售后服务等，以及企业提供的服务能否成为行业内相关服务的新规范。

（二）示例

　　案例 1：海尔在泰国市场上采取了产出合理化战略。具体表现为：在品牌上做差异化，做到人无我有。例如，我们针对日韩产品的"一年保修"提出了"三年保修"的服务理念。虽然提出来时，业内人士认为我们在"找死"，但我们"活过来了"。

在产品上，开始推出新品。譬如，芳香洗衣机，因为泰国人喜欢衣服带有香气，我们就在洗衣机内设芳香洗涤装置。其后，推出零水压洗衣机以及双缸洗衣机。因为泰国的供水特别是郊区水压低，导致没办法用全自动洗衣机，许多水压不稳地区非常喜欢这个产品。以电冰箱为例，国内消费者不甚注意的面板颜色在泰国消费者心中却有着重要的分量。为此，海尔在泰国市场上生产出面板色彩斑斓的冰箱：白色、银色、红色、蓝色、绿色……并快速地进入泰国消费者眼帘。考虑到泰国消费者对于经济实惠的普遍追求，海尔在泰国市场上推出了最省电的单门冰箱以及上面为冷冻、下面为冷藏的冰箱（以上内容来自"专访海尔泰国公司董事总经理吴勇"的新闻报道）。

案例 2：TCL 在越南市场上采取了产出合理化战略。具体表现为：针对越南雷雨天气较多、全越南没有 CATV 公用有线电视系统，因而收视信号较弱等特殊情况，TCL 越南公司紧紧依托 TCL 集团强大的综合实力，全面应用其在数字技术领域的最新研究成果，推出了防雷击彩电和超强接收彩电等新品种，大受市场欢迎。他们采用了 TCL 美国公司数字化研究所最新推出的 I2C 数码集成电路控制技术，提高了彩电的稳定性；率先在越南引进了红外线遥控测试系统、自动化平衡调试系统等多项国际专利技术，确保产品制造的精度；工厂严格按照 ISO9000 国际质量体系标准进行产品品质管理与控制；改变一般厂家对出厂产品进行抽检的常规做法，对每一件出厂产品都进行检验。

为了进一步在越南市场形成竞争优势，在技术开发方面，TCL 针对越南彩电使用状况解决了一些关键性问题：

首先，TCL 彩电采用世界领先数码化集成电路控制技术，进一步提高集成化，提高了彩电使用稳定性，可减少彩电故障率 40% 以上。其次，越南目前主要通过发射开路信号传递电视

节目，普遍存在收视信号较弱、电视信号易受干扰的情况。TCL
有针对性地开发出具有超强接收功能的彩电，可提高弱信号
200db 以上，有效减少或消除了因电视信号较弱造成的画面模糊
及屏幕上的雪花点，并有效地消除了噪声，从而获得更清晰、
更稳定的收视效果。此项功能已成为 TCL 彩电在越南的独特
"卖点"。最后，越南靠近赤道，天气炎热，雷雨天气较多，时
常有彩电遭雷击的现象发生。为此，TCL 特别开发出具有防雷击
功能的电视。

　　这些功能都是 TCL 以市场为导向、从消费者切身利益出发
研制开发出来的。从技术层面讲，这些功能并非多么高深，但
TCL 及时发现，解决了消费者的苦恼，使其赢得了在越南市场的
竞争优势。

　　而在售后服务方面，TCL 越南公司在越南各地建立上百个
服务维修站，开设了 24 小时服务热线，率先做出了免费保修的
承诺，并根据越南消费者的偏好改进服务，以避免发生日、韩
企业售后服务网络不完善缺点。TCL 经销维修站明确规定，凡接
到用户电话，维修人员必须不分昼夜地立即赶到现场，并带上
一台备用电视机，若现场修不好，则将备用机暂时给用户使用。
他们还在越南推出了"3 年免费保修，终身维修"的服务措施，
大大提高了 TCL 的信誉。

第八章
跨国企业国际化战略"四部曲"模型

一、初探期

　　跨国企业在初探期的主要任务是决定企业是否应该进入东道国市场谋求发展。在这一时期，跨国企业需要对东道国市场上的各种法律法规、准入政策进行详细、全面的了解，并且要确保跨国企业能够严格遵守东道国市场上的相关法律、法规（Liou，2012），以及确保跨国企业今后在东道国当地的发展符合当地政府的发展规划等。严格遵守东道国当地的法律法规及相关的政府政策是跨国企业进入东道国市场开展后续经营的首要条件，如果跨国企业不能够严格遵守东道国当地的相关规制标准，其便没有机会进入东道国市场展开后续的经营，因为东道国的法律法规具有强制性的特征（DiMaggio & Powell，1983）。因此，在初探期，跨国企业要采取要素合理化战略（包括遵守东道国当地的法律法规、遵守东道国当地的行业准入标准、遵守东道国当地的一些政府政策的要求等），以确保企业的行为是在东道国当地的法律法规及相关政策的许可范围之内的，是符合当地政府的制度需要的（Rotting，2016），进而帮助企业在东道国当地市场获得其合理性。例如，海尔、TCL和中兴在分别进入泰国、越南与欧洲市场时，都事先对泰国、越南和欧洲的一些法律法规、相关行业的准入标准及政府的相关政策要求进行了全面的了解，并积极遵守这些规章制度。TCL还获得了越南当地政府颁发的"遵守越南海关法律出色奖"和"实现缴交进口税成绩出色奖"，进而能够获得东道国当地政府的认可。由此可以看出，在初探期，跨国企业为了能够顺利进入东道国市场进行发展，就必须要严格遵守东道国境内的各种相关法律法规、准入标准，并要使跨国企业在东道国境内的发展规划符合东道国当地政府的相关政策要求，进而能够在最大程度上规避规制方面的差异，获得政府的进入许可，从而获得进入东道国市场进行发展的机会。因此，根据上面的阐述提出命题：

命题1：在初探期，跨国企业应该采取要素合理化战略，以获得企业合理性。

二、开拓期

跨国企业在开拓期的主要任务是让东道国境内的利益相关者了解企业的身份是什么，并努力消除跨国企业在东道国境内的利益相关者心目中的负面形象或偏见，因为某些历史原因及固有思维方式会使得东道国利益相关者对跨国企业产生负面的评价（Bitektine，2011），如中国企业在产品质量及声誉方面的负面评价。因此，在这一阶段，跨国企业就需要将其企业的身份转变为东道国本地的身份，以消除东道国的利益相关者对跨国企业所在国家或地区的排斥。

　　首先，企业的身份包括两方面的内容：个人身份和社会身份（刘云，2014）。跨国企业需要将其个人身份转变为东道国本地身份，以让东道国境内的利益相关者认为跨国企业是东道国的一部分，进而能够让东道国境内的利益相关者认为在东道国境内的跨国企业是东道国本地身份，从而降低东道国利益相关者对跨国企业所存在的认知上的差异；此外，跨国企业还要在东道国当地积极履行企业社会责任，以向东道国利益相关者展示其企业的正面形象（Hillenbrand & Money，2007；李海芹和张子刚，2010），表明跨国企业在东道国的经营发展是为了更好地服务于东道国利益相关者，而不是仅仅为了获得金钱上的利益（Reimann et al.，2012），并向东道国利益相关者表明跨国企业是有道德的、有责任心的，进而获得东道国利益相关者的认可。

　　在此阶段，跨国企业可以通过采取身份合理化战略（包括个人身份合理化战略和社会身份合理化战略）来将其企业的身份完全转变为东道国本地的身份。其中，其可以通过采取个人身份合理化战略向东道国利益相关者表明跨国企业是东道国本土的一家企业，如海尔、TCL与中兴都采取了在东道国本地建立工厂、设立研发基地、组建销售团队、雇用当地的员工以及使用当地的资本进行运营的战略，以能够让东道国利益相关者认为海尔、TCL与中兴的身份与东道国本地企业在身份是一样的；此外，跨国企业还需要采取社会身份合理化战略以向东道国利益相关者展示其企业的社会责任，进而能够尽可能地向东道国利益相关者传达出跨国企业是富有责任的企业，跨国企业在东道国的发展是为了更好地改善当地的生存环境，提高当地居民的生活质量，以赢得利益相关者的好感，进而得到他们的认可，比如TCL在越南与政府合作成立了多项基金，并向贫困地区的学校捐赠现金及物品等；海尔在泰国则为遭受水灾的民众免费提供线路检修服务，并积极给当地的社区学校安装变频空调，以改善当地学校的教学环境；中兴则积极主动关爱当地儿童的成长（为波兰患病贫困儿童捐款，慰问 Chotomow 孤儿院；在西班牙，中兴与当地儿童慈善机构 Soar Despierto 共同为孤儿和家庭成长环境不佳的儿童筹集善款），进而展现企业在积极承担相应的社会责任。因此，根据上面的阐述，提出命题：

命题 2：在开拓期，跨国企业应该采取身份合理化战略，以获得企业合理性。

三、扩展期

跨国企业在扩展期的主要任务是在东道国获得其利益相关者（包括企业内部的员工及企业外部的供应商、销售商等）的积极配合，以确保企业可以在东道国境内开展正常的运营活动，并能够在东道国市场上顺利生存下来。因为，一个企业的经营单靠企业自身是很难来完成的，其必须得到利益相关者们的接受和支持，并依靠利益相关者的积极配合才能正常发展经营下去（Rotting，2016）。因此，在扩展期，跨国企业就首先需要得到其利益相关者的认可，并进而能够得到他们的配合，从而顺利地在东道国境内开展经营活动，而跨国企业作为外来者，想要得到东道国本地利益相关者的认可，就必须要符合东道国利益相关者所建立的一系列规则（Beelitz & Merkl-Davies，2012）。因此，在此阶段，跨国企业可以采取管理过程合理化战略，以符合东道国当地行业规范的方式对企业的员工及其利益相关者进行管理，进而在最大程度上降低东道国当地员工及利益相关者对跨国企业可能产生的抵触、排斥行为。

首先，跨国企业可以采取内部管理过程合理化战略来对其雇用的当地员工进行管理，以确保跨国企业在当地的管理方式是符合当地员工的认知规范的，比如海尔、TCL 和中兴都采用了晋升当地的员工为管理层，并让其对当地的员工进行管理的方式；此外，TCl 还给予当地员工较高的薪酬福利；尊重当地员工的人格；TCL 和中兴当中被外派的管理者都必须事先了解越南和欧洲当地的文化习俗、禁忌等；而海尔在泰国则是最大限度地满足当地员工的相关诉求（如为了满足当地员工对鲜艳色彩的需求，海尔在泰国的工厂里张贴了鲜艳的海尔标识；为了满足日籍管理者对私人空间的追求，给留任的日籍管理者提供单独的员工宿舍等）。跨国企业通过采取内部管理过程合理化战略，能够降低当地员工对企业的抵触、排斥情绪，并能够做到尽心尽力为企业工作，进而能够保证跨国企业在东道国境内能够顺利运营下去。此外，跨国企业还需要通过采取外部管理过程合理化战略来对其供应链上的利益相关者进行管理，以符合其利益相关者社会期望的方式进行沟通与交流（Zhao et al.，2014），进而得到他们的积极配合，如由于越南的经销商非常重视情感，TCL 便与越南经销商频繁主动地进行联系、聚会等，以增进与他们之间的情感，且在此过程中为越南经销商提供了非常大的帮助，进而得到了越南经销商的认可；而由于泰国经销商对日本管理者的崇拜，海尔则在泰国经销商年会时，从日本请来海尔亚洲的杜总裁，再者由于泰国经销商对产品品质的高度重视，海尔便主动向其经销商展示海尔产品过硬的质量等，从而得到泰国经销商很高的评价；在欧洲，由于其本地的运营商要求电信公司必须要在当地有自己的服务队伍，为了获得欧洲当地运营商的认可，中兴通讯在欧洲建立了自己的服务队伍。因此，跨国企业想要在东道国市场上顺利地开展经营，就必须采取管理过程合理化战略（包括内部管理过程合理化战略和外部管理过程合理化战略），以当地员工和当地利益相关者认可的方式对其进行管理，从而最大程度地得到他们的认可，进而能够在今后的运营过程中得到他们积极的配合，确保跨国企业在当地的经营能够顺利开展，确保跨国企业在当地能够顺利地生存下去。因此，根据上面的阐述，提出命题：

命题 3：在扩展期，跨国企业应该采取管理合理化战略，以获得企业合理性。

四、成熟期

跨国企业在成熟期的主要任务是确保企业在东道国市场上具备很强的竞争优势，其能够占据很大的市场份额，并有机会成为此行业的领军企业。在此阶段，跨国企业需要对其所提供的产品或服务进行升级、改造。

一方面，要确保其提供的产品和服务能够更好地满足消费者的某些特殊需求（Ritala & Hurmeinna-Laukkanen，2013；Love et al.，2014；Ramanathan et al.，2016），进而得到更多消费者对其企业产品和服务的认可，并尽可能吸引更多的消费者进行购买（Tukker，2004）；另一方面，企业提供的新产品往往采用了新的技术，而新技术往往会成为行业效仿的新标准，进而能够帮助跨国企业在东道国市场上确立其新的地位，从而增强跨国企业在东道国当地市场的竞争力。

在此阶段，跨国企业需要通过采取产出合理化战略，包括产品合理化战略和服务合理化战略。其中，产品合理化战略一方面为了能够向东道国市场上的消费者提供更好的产品，更好地满足东道国市场上消费者对产品的某些功能、款式、颜色的需求，进而得到更多消费者的认可和青睐，并能够获得更多的购买量；另一方面新产品采用的新技术能够获得当地政府或行业的认可，进而能够为行业设立新的技术标准，引领整个行业的发展。比如，海尔在泰国市场上，为了满足当地消费者对香味的需求，开发出了芳香洗衣机；考虑到泰国当地水压不稳的情形，开发出了零水压洗衣机；考虑到当地消费者对食物冷冻、保鲜要求较高及节能的要求，分别推出了上层为冷冻、下层为冷藏的冰箱和最省电的单门冰箱；为了满足不同消费者对洗衣机不同款式的需求，推出了款式多样的双缸洗衣机；为了满足泰国消费者对颜色的敏感需求，推出了色彩斑斓的冰箱等；海尔还率先推出了磁悬浮中央空调，并获得了泰国能源部的永久展示权，为当地节能技术设立了新标准。而 TCL 在越南也采取了类似的策略，如考虑到越南天气较多雷电的情况，推出了超长接收、防雷击的彩电；考虑到越南消费者对色彩的追求，其产品采用了量子点显示技术；等等。中兴在欧洲则推出了能够从多个方面为用户提供最优功能体验的 AXON 天机手机，其在拍照上，能够实现更好的景深拍摄和 4K 高清视频摄制体验；在声音的录制和输出方面实现了超高清 HIFI 音效；为了让手机隐私更安全可靠，其集合了声纹、指纹、眼纹"三纹"解锁功能。海尔、TCL 和中兴通过将自己的产品按照当地消费者的需求进行升级、改造，均得到了当地消费者的认可，并有更多的消费者愿意对其产品进行购买。此外，除采取产品合理化战略外，跨国企业还应该采取服务合理化战略，即通过向当地消费者提供更加优质的服务来获得当地消费者的认可，以提升跨国企业在当地的声誉和竞争力，而且跨国企业通过率先为消费者提供优质的售后服务，能够成为当地企业纷纷跟随的对象，能够为当地行业的服务体系设立新的规范，从而在市场上拥有更多的话语权，进而引领整个行业的发展。比如，为了给当地消费者提供更好的长期保修、维修服务，海尔与TCL分别提出了"三年保修"和"三年免费维修"的服务，且海尔提出的"三年保修"服务不仅得到了当地众多企业的效仿，而且也成为当地行业售后服务的新规范；此外，TCL为了能够更快地响应消费者的产品维修服务需求，其在越南的每个省都设立了特约维修站，并采取了快速上门维修的方法，且对那种故障非常复杂一时无法解决的产品，其会给消费者一个备用机先用着，等修好了再换回来等；而中兴则选择在欧洲当地设立客户服务与培训中心，为当地的客户提供更好的服务。海尔、TCL与中兴的这种服务合理化战略，都尽可能地满足了消费者对产品维修、保修及产品售后方面的需求，免除了消费者对产品的后顾之忧，且这种及时的维修服务也能够在很大程度上向消费者展示企业的形象和实力，在一定程度上会吸引更多的消费者对其产品进行购买，进而扩大了其所在东道国市场上的份额占比，增强了其自身的竞争实力，从而能够在相关行业内具有更多的话语权。因此，根据上面的阐述，提出命题：

命题4：在成熟期，跨国企业应该采取产出合理化战略，以获得企业合理性。

根据跨国企业所处的不同阶段，对其应该采取不同的合理化战略进行了详细阐述，概括来讲，其可用图8-1来进行表示。

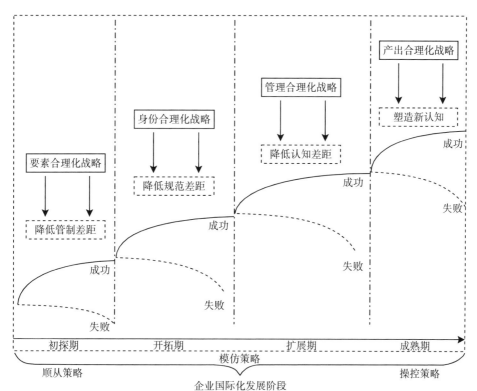

图 8-1 跨国企业国际化战略"四部曲"模型

因此，对于跨国企业或跨国品牌来说，在初探期，跨国企业应该采取要素合理化战略，主要原因是在此阶段，跨国企业面临的主要是来自母国与东道国在法律法规方面上的差异，通过采取要素合理化战略，遵从东道国法律法规的相关要求，便能够得到东道国政府的准入许可，进而实现进入东道国市场进行发展的机会，否则，跨国企业便没有可能进入东道国市场进行进一步的发展；在开拓期，跨国企业应该采取身份合理化战略，主要原因在于，在此阶段跨国企业面临着东道国利益相关者对其母国企业身份的不认可或排斥，其需要分别通过采取个人身份合理化战略和组织身份合理化战略，将跨国企业的身份转变为东道国本地的身份，进而得到东道国利益相关者的认可与信任；在扩展期，跨国企业应该采取管理过程合理化战略，主要原因是，在此阶段跨国企业面临着如何实现其企业在东道国境内顺利经营下去的问题，即跨国企业如何在东道国境内顺利存活下来，其需要得到利益相关者的支持，通过分别采取内部管理过程合理化战略和外部管理过程合理化战略，其便可以得到企业内部员工和上下游供应商、经销商的支持和认可，便能够获得某些关键性资源，能够顺利地在东道国境内展开运营，进而使跨国企业在东道国境内顺利生存下来；在成熟期，跨国企业应该采取产出合理化战略，主要原因在于，在此阶段企业的目标是成为东道国当地有影响力的、有竞争力的领军型企业，因此其需要采取产出合理化战略，通过为消费者提供更好的产品、服务，来满足东道国当地消费者的某些特殊需求，来吸引更多的当地消费者，占据更多的市场份额，进而在当地市场上拥有更多的话语权。

第九章
TCL 进军越南市场

一、案例简介

 TCL 公司成立于 1982 年 3 月，由李东生先生创办，总部设在中国广东省惠州市，其产品涵盖智屏、空调、智能移动及连接设备、冰箱、洗衣机、健康电器、智能语音等多个领域，在越南本土的彩电市场，TCL 有着举足轻重的市场份额。当前，TCL 已在全球多个海外市场中开展生产和经营，如 TCL 现已进入越南、墨西哥、印度、菲律宾、马来西亚等海外市场，并在全球布局 42 个研究中心，32 个制造基地，业务遍及 160 多个国家和地区。TCL 目前在海外市场上获得了巨大的成功，以 TCL 智屏产品为例，TCL 智屏在 2020 年全球销售超过 1700 万台，稳居全球第三。

 TCL 在越南市场上获得了巨大的成功。自 1999 年进入越南市场以来，到 2015 年，经过近 16 年的经营，TCL 在越南市场上以优质的品牌、产品和服务不断开拓市场，其在越南地区的彩电市场的市场占有率大于 16%，一跃成为当地家用电器行业的前三名，广受越南人民喜爱。TCL 如何在越南市场上通过自己的努力，一步一步成为越南当地市场上的行业标杆企业，值得深究和探讨。下面，本书将给大家详细介绍一下 TCL 自进入越南市场之后，所开展的一系列战略行动和面临的巨大挑战。

亚洲金融危机前，TCL 集团主要以两种比较简便的形式向国外市场出口产品：一是用其他企业的品牌替其他企业加工出口；二是委托其他企业为 TCL 加工出口。这两种出口方式使得 TCL 对国外市场的掌控能力很弱，一旦爆发金融危机，客户说不要货，出口企业一点办法也没有。尤其在亚洲金融危机爆发后，这种被动经营的弊端立即表现了出来，并对 TCL 造成了很大的冲击。在创汇的压力下，TCL 下决心直接走出国门。

1998 年，以 TCL 集团董事长李东生为首，企业各个部门代表参与的考察团远赴越南对当地市场进行调研，具体调研了以下五个方面：第一，东道国政策。对越南的海外投资法律规定、扶持政策以及贸易准入政策、税收等进行了解。第二，东道国经济形势。确定未来是否有在越南发展海外市场的可能性以及发展前景。第三，市场差异。了解当地的竞争情况以及有待发掘的细分市场。第四，跨国竞争者情况。了解海外其他国家是如何进入越南市场，又是如何进行发展的。第五，交流学习。深入本土的制造企业并进行交流，吸取经验。在考察完成后，TCL 集团高层根据考察团带回来的资料以及见闻的记录，对开发越南海外市场进行了可行性研究并形成了详尽的调查报告。在综合评估了越南投资的风险和自身资源优劣的情况下，得出了越南市场值得进行投资的结论。

虽然投资报告显示越南市场对 TCL 集团而言存在开拓海外市场的机遇，但企业内部对此仍难以得出一致的结论。反对者称越南由于其市场规模较小且市场规范性有待提高，盲目进入当地容易给企业的海外投资带来风险。后经过企业内部多次商议，最终李东生拍板决定进入越南市场，并在越南本地投资近600万美元，设立了涵盖彩电、VCD、DVD及开关插座等多条生产线。

面临的五大不利因素。TCL经过市场调查后认为，在越投资建厂面临着以下困难：第一，当时越南彩电市场已经相当拥挤，而日、韩彩电生产企业在当地已成气候。日本电器在越南的影响是根深蒂固的，再加上越南人很喜欢日本品牌，因此日本彩电在越南当时已占有60%~65%的市场份额。其次是韩国品牌，从1995年开始，韩国三星也在越南建厂，在当时已成为越南最大的彩电生产企业。韩国企业通过蚕食侵占日本所占市场份额，其市场占有率已达30%左右。其余的一小部分市场属于飞利浦，以及越南当地的一些品牌及走私货。第二，根据当时越南工业部的统计数据，以设备为基础，越南一年的电视生产量是300万台；以满足工厂生产最低人员配置为基础，可年产150万台。而越南市场的年需求量仅有70万台，而且从1998年至今一直如此，供求矛盾很突出。公司内部对企业在越南进行海外投资持反对意见者不乏这样的顾虑。第三，越南政策对海外企业的进入有比本土企业更高的要求，其政策规定新办企业需要达到80%的外销比例。当年三星公司进入越南时，越南政府要求其产品50%外销，但实际只达到30%，政府也睁一只眼闭一只眼。所谓80%的外销比例，实际50%是一定要达到的，这就使新建企业的压力很大。第四，当时外商从越南撤资很厉害，传媒对越南的外资政策批评也很多，且多是负面报道。第五，越南消费者受前些年的影响，对中国商品质量存在一定偏见。

在饱和市场上挖掘空间。TCL为什么在面临越南家电市场竞争激烈等诸多不利因素的情况下，选择进入越南市场？从表面而言，越南地区彩电行业的生产力已经远远超过本地市场的购买力，当时越南彩电生产能力约为每年 150 万台，而市场的销售量仅在 70 万余台左右，存在着供大于求的现象。但经过仔细分析，越南的家电市场在部分细分领域仍存在着空白，具有相当大的发展空间和市场挖掘潜力。当时的越南市场主要有以下三大亟待开发的空间：

第一，当地正处于国内企业所生产的家电虽然价格亲民，但质量并不尽如人意，而海外品牌由于其品牌溢价以及进口限制导致价格较高让消费者难以承受的尴尬境况。例如，当时作为消费者需求主流规格的 29 寸彩电，在海外企业本土仅售 800 美元左右，而进口到越南市场便需要 1200 余美元，远超越南大众消费者所能承受的心理预期。产生这一现象的原因是由于针对越南大众消费者的物美价廉的彩电市场没有得到充分发掘，而 TCL 正好能够抓住这一机会，充分开发这一类别的细分市场。除此之外，经过成本核算和利润分析，虽然越南市场的生产成本及关税综合高于国内 30%，但比较越南市场的彩电价格以及当地的用工成本、折旧率，TCL 在越投资生产仍可以达到毛利率 24%、净利率 9% 的经营情况。这意味着当时 TCL 在当地只要售卖 36000 台彩电就可以做到投入与收入持平，这并不包括 TCL 在越南投资的 DVD、VCD 等其他生产线的利润。尽管越南的彩电市场需求量有限，但由其市场管控不够规范、约束较少导致其结构不够合理，也使 TCL 能够抓住大众消费者市场的空白，以质量有保障且价格合理的产品实现企业盈利，进而对越南的不合理市场进行修正。

第二，TCL 对大屏幕彩电市场的未来充满信心。虽然在当时越南当地彩电市场的主力产品为 14.5 寸与 21 寸的彩电，但随着彩电技术的发展与越南社会经济不断的改善，这两种相对尺寸较小的产品将难以满足越南消费者的使用需要。25寸以及29寸的彩电产品在未来一定具有广阔的市场空间，TCL提早进入市场并进行布局，以前瞻性的目光把握住了这一扩大未来市场占有率的机会。

第三，识别出越南人口基数与彩电消费量差异巨大而产生的潜在机会。虽然越南当前的彩电消费量仅有60万~70万台，但越南约有人口近8000万人。随着越南经济的稳步增长，越南人民的消费力也会稳步提高。根据市场预测，未来5~8年，越南彩电的市场规模将会较前期翻一番，达到160万台左右的市场容量，若能在前期以物美价廉的产品赢取消费者信任，抢占市场先机，未来TCL在越南的发展是大有可为的。

在经过考察团调研以及后续的详尽分析后，TCL总结出这三个未来越南彩电市场的机会，并确立了企业后续在越南发展的战略目标：以一流的品质、合理的价格、完善的售后服务创建在越南具有竞争力并可持续发展的品牌，扭转越南当前国际品牌溢价较高、不符合消费者实际购买力的困境，让大众消费者也能以合适的价格获取一流的彩电产品。

在企业的本土经营上，TCL没有选择直接空降到越南本土进行工厂建设和公司设立的方法，而是采取了一种相对迂回的经营策略。首先，TCL收购了一家本土的彩电生产企业，规避了海外企业通过政府许可较难，且由于贸易保护政策对外企要求较严的限制。不仅如此，在收购本土企业的考量上，TCL也做了详尽的前期调研，被收购方同奈电子公司具有当地较为少见的注塑、喷油等生产设备，这是本土彩电企业难以配备的，这使TCL在本土生产上占尽先机。收购合适的本土企业这一举措使TCL在越南市场走出了具有战略性的一步，但如果没有合适的本土企业进行收购，TCL就不会进入越南市场了吗？答案是否定的。根据 TCL 总经理所述，即使没有这样优秀的实现本地嵌合的机会，TCL 的战略步伐也仅仅会慢一些而不是停滞不前。如果收购本土企业的战略受到阻碍，TCL 也能够通过委托代工的方式逐步进入越南市场，当时越南市场已进入的海外企业由于越南的彩电需求量有限，开工规模受到限制，出现产能过剩的现象。因此 TCL 能够利用这一点，以委托代工、合资经营等多种方式来逐步进入到越南市场，并提高越南政府的准入审批概率。

由于前期海外并购的顺利，TCL 采取了独资的经营模式。为什么选择资金压力更大且风险更高的独资模式而不是采取分摊风险且规避东道国准入风险的合资模式？TCL 总经理向记者如此解释：之所以越南本土彩电企业的产品不能满足当地消费者全部需要，是因为越南当地人员的管理大多跟不上外企方的节奏，这给企业的生产及经营管理带来阻碍。此外，如果采取合资模式，本地合资方将参与子公司的战略决策，或将影响到 TCL 针对越南彩电市场制定的战略规划和市场部署。此外，越南的投资法也有制约因素。过去的要求是，即使越方仅有 1% 的股份，在决策中也要合资双方一致通过。后虽经修改但要求越方在合资企业中一定要担任第一副总经理，其权限和总经理差不多。目前的规定经修改后，虽然副总经理权限有所削弱，但这条规定仍存在。

然而，即使是独资企业，很多事情也难以完全依赖当地人。一般外资企业开始进入的时候都会这样想：我们没有必要做过细的工作，一些海关报关事宜可交给当地人来做，他们轻车熟路，各项事宜应当可以办妥。包括 TCL 内部也曾有人这样想，如果能找到一个好的合作伙伴把这些问题都搞定，那不是会轻松很多吗？实际上这是一个误区。假如企业有一个想法、境界、目标一致的合作伙伴，当然求之不得，但这是可遇不可求的。即使找到通天人物也作用不大，因为即使他介绍你认识一些地方政府关员，但遇到实际问题，他管不了那么细，还是解决不了问题。TCL根据自己的经验感到与其找那些通天人物，倒不如直接同具体负责部门打交道。

在进入越南市场后，TCL面临的一大重要问题就是如何实现从越南市场中分得一杯羹。当时TCL进入越南家电市场，越南当地市场状况是严重供过于求，日本、韩国、荷兰以及越南自己的彩电品牌已捷足先登，越南每年彩电的需求量约70万台，而生产量却达300多万台，TCL作为"后来者"，面临着来自各个方面的压力，具体来说，可能包括以下八个方面：

（1）由于进入当地较早，日韩产品在当地具有绝对优势，现有市场份额被日本、韩国瓜分；

（2）供需问题。目前越南市场还是处于供大于求的状态。

（3）东道国政策掣肘，越南政府不支持新彩电生产企业成立并加以严格要求。

（4）早期中越贸易中的劣质仿冒产品导致中国品牌在越南风评不佳。

（5）缺乏与当地的供应链进行嵌合，渠道建设从零开始。

（6）TCL的品牌影响力并未辐射到越南市场。

（7）对当地政治、经济、文化的了解不够深入。

（8）企业的国际化经验有限，派出人员难以融入本地环境。

上述问题导致TCL在进入越南市场初期遭遇了超过预期的困难，为使企业顺利打开东道国市场，成功嵌入本地渠道，TCL越南分公司的管理人员采取了多种策略。在打开市场初期，越南本地经销商对中国品牌不屑一顾，销售人员连连吃"闭门羹"。针对这种情况，首先TCL不是像当前许多资本那样采取铺天盖地的宣传来打响企业名号，而是先淡化品牌形象，以过硬的产品质量与完善的售后服务来打动消费者的内心。TCL 始终认为，消费者群体是有判断能力的，如果产品能够受到认可，那么企业的品牌自然也就打响了，市场也将随之而扩大。此外，为了实现与占有率较高的日韩企业形成差异化，TCL 没有主攻日韩企业经营多年的彩电高端市场，而是主要开发以 14 英寸、21 英寸为主打的能满足大众消费者需求的彩电产品市场。在技术研发方面，TCL 也针对越南当地电视信号发射强度不高、稳定性不够等问题进行了集成电路上的优化。在集成电路的控制方面，TCL 使用了在世界上具有先进地位的数码化控制技术，提高了电路的稳定性，有效减少彩电产品 40% 的故障率。在电视信号的接收装置上 TCL 也进行了优化，提高弱信号 200db 以上，并对电视的噪声进行了改良，使用户在观看电视节目时有更清晰、更优秀的视听体验，这也形成了 TCL 在越南市场的独特"卖点"。同时，TCL 识别到越南因地处赤道边缘，气候湿热且易受雷暴干扰的地域特点，给旗下产品开发了防雷击的功能。虽然 TCL 针对越南市场的特点做出的产品改进并不是都基于高新技术，但这种以市场为导向，根据消费者利益及时调整自身产品的经营策略是 TCL 打开越南市场并逐步提高市场份额强有力的武器，并为其赢得了竞争优势。不仅如此，在质检上，TCL 没有因为是海外市场的产品就掉以轻心，以当时领先的 I2C 数码集成电路控制技术，红外遥控测试系统提高产品精度，并贯彻 ISO9000 国际质量体系用于产品的质量管控，并以对每一件出厂产品进行检验来避免残次品流入市场。

在当地的文化嵌入以及社会嵌入方面，TCL 也立足长远，及时加强本地化战略。在公司成立初期，TCL 越南分公司在盈利有限的情况下仍然积极出资参与当地的公益、文化事业。例如在初期，TCL越南公司出资20万元与当地共青团中央、中国共青团中央以及我国驻越大使馆合建"TCL青年奖励基金"，赞助越南本土青年赴我国进行学习和培训。在公益事业上，TCL越南公司多次参与对越南本土自然灾害、福利事业的捐赠与人力支持，受到当地政府和人民的一致好评。

在相对陌生的东道国建立优秀的国际化品牌口碑并不容易，需要面对大量的质疑并投入大量成本。TCL在自身资源难以比肩领先一步进入越南市场的日韩企业的情况下，本着想消费者之所想，扎根于东道国本土，生产优质的产品并不断完善服务的理念，另辟蹊径，向日韩企业发起了挑战。

除自身的产品质量需要绝对过硬外，对东道国供应链的嵌入，对生产原材料到销售各个渠道的管控也是必不可少的。在这一方面，TCL采用自建经销机构以及售后点的策略，减少了后端销售及服务的中间环节，不但缩减了成本，还削弱了消费者享受售后服务的阻碍。TCL在越南各地建设了100余个售后服务点，并明确规定需要及时派遣维修人员响应消费者的售后服务需求，并承诺三年保修，终身维修。在遇到设备检修时间较长的情况时，提供备用机供消费者使用。这种消费者与厂商直接建立联系，并及时维修以减少产品出现问题对消费者产生负面影响的做法，大大提高了TCL的品牌声誉。

TCL总经理易春雨表示，要想企业在东道国顺利经营并占据重要市场份额，企业实现技术、管理以及人才聘用的本土化战略是非常重要的。这也是TCL能牢牢占据越南彩电市场份额，具有强大竞争力的重要因素。在人才资源方面，TCL牢牢把控招聘关卡，并重视人才的学习和培养，为员工特别是本土员工的发展和进步打造了优秀环境。在人才聘用与职业发展方面，TCL不任人唯亲，对不同国籍的员工一视同仁。对具有突出业绩、具备良好素质的越籍员工委以重任。在公司各个环节，均有越籍员工在其中发挥骨干作用。在越南高校体系中，也不断加强校企合作，吸收河内大学、越南外国语大学等诸多越南名校的优秀大学生，并培养其成为企业的优秀骨干。资料显示，TCL进入越南市场为越南市场提供了4000多个就业岗位，受到越南政府的高度重视，易春雨本人也受到当地政府表彰，获得"优秀外商"称号。

说起TCL在越南市场占有重要市场份额的原因，TCL代表向毅斌博士以"四板斧"来总结TCL的经营战略。

首先，质量作为企业的生命，是企业必须重视并需要不断优化的。为消除越南民众对中国产品质量的质疑。TCL对产品质量精益求精，做到每一台产品都经过公司检验再发往市场，通过过硬的质量，成功征服了越南消费者的内心。

其次，服务是TCL在越南市场实现"弯道超车"，成功赶超日韩企业的法宝。不同于高高在上的日韩企业经理人，TCL贯彻"响应型"服务战略，以极快的服务响应速度，亲民的营销策略打动消费者的内心，并塑造企业的品牌优势，形成消费者的良好口碑。

再次，产品的销售渠道也是TCL在越南市场成功经营的独到之处。不同于国内开设专卖店的做法，TCL缩短中间商层级，减少成本并加强销售渠道的可控性，开创了具有特色并切合越南市场状况的经营模式，规避了经营渠道与日韩企业同质化的现象。

最后，为了建设和维护企业品牌的口碑，在产品与销售之外也应当下足苦功。相较于广告宣传，TCL更倾向于联合当地政府与社会进行品牌宣传。通过立足公益与当地人才培养的方式，以官方渠道进行社会宣传，打造企业不但产品过硬、服务优质，且愿意支持当地社会发展，形成企业与东道国相互促进，协调发展的良好口碑。

经过近 10 年时间的努力，TCL 终于扭转了越南市场上消费者对中国品牌的"低质价廉"的偏见，在 2009 年的中越经贸洽谈期间，越南副总理兼外交部长范家谦（Pham Gia Khiem）表示 TCL 是越南知名的国际家电品牌，并希望 TCL 能在越南获得更大的发展。由此，TCL 在越南市场上开始进军高档产品市场。

TCL 集团于 2009 年 10 月 20 日正式将 LED X10 系列高档液晶电视推向越南市场，并以"家庭、娱乐、科技"为经营理念，以合作共赢进行本土化深耕，最新推出包括拥有高色域技术的量子点、曲面 UHD、4K 智能电视等多款新产品，并在量子点、曲面电视领域取得显著的领先地位。

二、案例分析

根据前面的案例介绍，可以将 TCL 在越南的发展分成以下四个阶段，在不同的阶段，TCL 在越南市场上所面临的问题及要实现的战略目标是不同的。具体如图 9-1 所示。

通过图 9-1 中可以看出，TCL 在越南市场的发展经历了四个阶段，分别是初探期、开拓期、扩展期以及成熟期。且在不同的发展阶段，TCL 所面临的战略目标是不尽相同的。

在初探期，TCL 所面临的主要问题是"是否应该进入越南市场谋求发展"，经过 TCL 董事长李东生对越南市场的考察，决定要进入越南市场，并于 1999 年在越南建立工厂，标志着 TCL 要在越南市场开辟新的天地。在此阶段，TCL 采取了要素合理

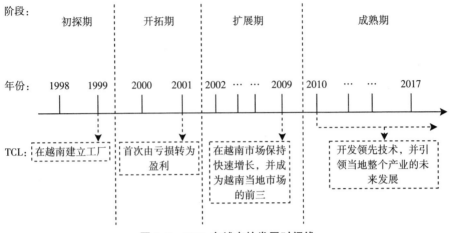

图 9-1　TCL 在越南的发展时间线

化战略，如 TCL 派遣考察团对越南市场进行深入的了解，了解当地的投资政策、法律法规、文化习俗等，此外，TCL 在越南当地市场采用的是并购的策略，而非绿地；且 TCL 派遣到越南的员工及管理者都事先进行了培训。

在开拓期，TCL 所面临的主要问题是"如何成功地在越南市场存活下来"，2001 年，TCL 在越南市场上实现了初步的盈利，开始由之前的"亏损"状态转为"盈利"，标志着 TCL 在越南市场上顺利存活。在此阶段，TCL 采取了身份合理化战略，以应对越南当地市场上的"外来者劣势"，如为了尽可能地让 TCL 在身份上看起来像越南当地的企业或品牌，TCL 在越南与政府合作成立了多项基金，并向贫困地区的学校捐赠现金及物品等，以改善当地学校的教学环境，展示 TCL 在越南当地市场上的正面形象，强调 TCL 来越南市场是为了提升当地居民生活水平，而非仅仅为了赚钱。

在扩展期，TCL 所面临的主要问题是"如何在越南当地市场站稳脚跟，获得一个相对稳定的市场地位"，到 2009 年，TCL 在越南市场上始终保持较快的增长，并且成为越南当地市场的前三。在此阶段，TCL采取了管理合理化战略，以得到越南当地市场上各个利益相关者群体的认可和认同。例如，TCL采用雇用和晋升当地员工的方式来管理企业，为当地员工提供较为可观的薪酬福利，尊重当地员工的生活习俗、文化传统、个人信仰等，进而尽可能降低当地员工对TCL的抵触和排斥，此外，TCL还积极配合上下游利益相关者，经常与上下游经销商进行沟通和交流，增进他们之间的感情，进而最大程度地确保TCL能够在越南市场顺利开展经营，顺利出售产品。

在成熟期，TCL所面临的主要问题是"怎样成为当地行业的领导者或主导者，进而引领当地整个行业的发展"，到2017年，TCL通过不断开发新技术，在越南当地市场上已经实现了引领整个行业发展的目标。在此阶段，TCL采取了产出合理化战略，通过对所提供的产品或服务进行升级来尽可能满足越南当地市场上消费者的独特性需求，进而提升TCL在当地的知名度和美誉度。例如，TCL推出了超长接收、防雷击的彩电，以尽可能让越南当地的消费者即便是在雷雨天气下也能够观看电视节目，且为了满足越南消费者对色彩的追求，其产品采用了量子点显示技术等。

第十章
海尔进军泰国市场

一、案例简介

海尔于 2002 年进入泰国市场，从一开始的试探性销售，到 2017 年被称为泰国当地市场消费者心目中的"期待"品牌，且海尔磁悬浮中央空调获得泰国政府认可，并被泰国能源部永久珍藏，海尔空调成为泰国市场上节能环保的代名词。下面，本书将详细介绍海尔从一开始进入泰国市场到成为泰国市场上的标杆企业所经历的全部过程。这些过程能够很好地展示海尔品牌的"四部曲"。

海尔于 2002 年进入泰国市场，到 2012 年，经过近 10 年的发展，海尔在泰国市场已经"小有名气"，截止到 2012 年，海尔在泰国市场上的冰箱销量已经能够稳居第五位，洗衣机的销量也能够实现位居泰国市场第六位。下面是一段关于记者对海尔泰国市场负责人吴勇的访谈资料，从这些资料中，能够很好地展示海尔在泰国市场上所经历的困难以及采取的措施。

记者：海尔早在 2002 年就已经进入了泰国市场，根据资料显示，直到 2009 年，海尔在泰国的效益并不好。但是，当前海尔在泰国市场上获得了巨大的成功，原因是什么？海尔在泰国市场都进行了那些战略调整？最核心、最关键的调整都有哪些？具体又是如何进行操作的呢？

吴勇：海尔取得当前的成功，最重要的原因是海尔在泰国市场上的战略变化。2002 年，海尔在泰国更多采用的是直接从中国市场拿产品过来，在泰国市场上进行试探性出售，简单来讲就是做出口贸易，将中国市场上销售的产品外销到泰国市场。

当时，海尔是与泰国本土的一家公司合资进行海尔产品在泰国市场的销售，合作发展了几年时间之后，尽管销售业绩有一定幅度的增长，但却与海尔预期的目标差距非常大，原因是多方面的。首先，与泰国当地企业合资的这种方式，或多或少会对海尔在泰国市场的发展策略和计划形成牵制，很多时候，海尔与合资方的目标不那么相匹配；其次，中国市场上的很多产品也并不是特别适合泰国本土的消费者。

为了扭转这一窘况，在 2007 年，海尔终于下定决心要实施新的战略调整和战略布局。首先，海尔集团推出了"三位一体"的整体战略，就是将研发、制造、销售统筹为一体，完全将海尔在泰国的公司做成一个泰国本土的企业。这样便能够使海尔在泰国市场上更好更快地了解当地顾客的偏好；由于将"销售""研发"和"制造"进行了统筹，在了解泰国当地顾客的需求和偏好后，海尔便能够马上开发和制造出泰国当地顾客喜欢的产品；极大地满足了泰国顾客的需求，并且海尔还为这些顾客提供了更好的服务。因此，在 2007 年，海尔做出了一个重大决定——收购三洋在泰国当地的工厂，并以这个工厂为基地，组建了海尔在泰国当地的研发团队，建立了独资的销售机构。2007~2009 年，海尔在泰国市场上主要是在研发新产品，积蓄力量。如果仅从数据上看，海尔在泰国市场上直到 2009 年以后，销售增长变得较为明显。但实际上，海尔早在 2007 年就已经在发力了。此外，还有一点要强调的是，泰国市场上的消费者在 2007 年之前并不信任"中国制造"。

此外，当初为了弄清楚海尔在泰国市场上为什么会亏损、成本为什么降不下来、库存和浪费为什么很严重、订单为什么经常性的严重拖期等问题，我们团队花了两个月时间深入工厂，去实地考察，并与员工进行深入的交流和讨论。

同时，为了能够尽可能地实地了解泰国市场，我们团队付出了巨大的努力。例如，我们团队基本上走遍了泰国 70 多个府，连泰国南边也去了一趟。经过实地走访，我们得出的结论是：泰国的消费者喜爱中高端白色家电品牌。在进行实地调研之前，海尔在泰国市场上一直执行的是低端产品的策略。

因此，海尔开始在泰国市场上进行了一系列的战略调整。首先，在品牌方面，海尔执行的是差异化战略。例如，在泰国市场上，日韩品牌很早就推出了"一年保修"的服务理念，并且已逐渐成为当地行业的一种规范性做法，而海尔不同，海尔在泰国市场上提出了"三年保修"的服务理念。这一理念刚刚提出来时，泰国市场上的企业普遍认为我们是在"找死"，是在"自掘坟墓"。但经过一段时间，当地消费者对我们提出的"三年保修"非常认可，我们成功地在当地市场"活下来了"。其次，在产品上，海尔开始推出新品类。例如，海尔在泰国市场上推出了芳香洗衣机，因为泰国人非常喜欢衣服带有香气，海尔就在洗衣机里面设有芳香洗涤装置，进而满足泰国当地消费者对于衣服要有香气的诉求。而后，我们在泰国市场上又推出了零水压洗衣机。因为在泰国，其供水不是特别稳定，特别是郊区会经常面临着水压低的问题，导致处于郊区的消费者没办法使用全自动洗衣机洗衣服，所以，许多水压不稳地区的当地消费者对海尔推出的零水压洗衣机非常青睐，给予了很高的评价。

记者：泰国的工会力量很强大，谈不拢怎么办？

吴勇：在这一方面，我们确实面临着巨大的挑战，但经过一段时间的摸索和实践，我们经受住了泰国工会的考验。根据泰国的法律，每年的 12 月 25 日，就需要把工资、奖金发放给员工，并且需要把明年涨多少工资给确定下来。在与工会进行谈判的时候，经常会遇到各种各样的问题，但最核心的问题还是关于钱的问题，诸如奖金发多少、工资涨多少、福利涨多少等。

我在 2009 年刚来的时候，就遇到了一次工会谈判，这次谈判经历的时间非常长，谈判早在 2009 年 11 月就开始了，但直到 2010 的 1 月 8 日谈判才结束，历经了几个月的时间。如果当时谈判没有谈拢的话，泰国的员工就要罢工。其实这是一个双方都在持续性消耗的过程，但是没有办法，谈不拢就只能继续谈，直到谈拢为止。

此后，我们对薪酬体系做了巨大的改革，将员工的奖金和工资增长都与公司业绩挂钩。同时，也与当地员工建立信任，让当地的员工了解到海尔在这里做企业是为了提高他们的生活水平，增加他们的收入，而不仅仅只是为了公司。

在新产品上，海尔的投入也非常大。海尔为泰国当地的子企业提供了一个很好的平台，来让当地的子企业自己去组建和强化团队，去和很多国际上的知名团队以及海尔的五大研发基地进行深入的交流、学习和合作。历经三年多的时间，终于开发了十几个新产品。

记者：除工资激励外，在文化融合上呢？

吴勇：海尔在收购三洋环球电器有限公司之后，三方都感到不太适应。毕竟大家所处的文化环境完全不同。首先，日本人相对来说是比较严谨的，他们通常会做很详细、很周密的计划，然后按照所做的计划按部就班地实施、执行；其次，泰国人更多时候是让领导来做决定，泰国人只管执行领导的决定；最后，我们中国人可能就是速度很快，变化得也很快。就是在很多事情的处理上非常灵活，虽然这是个褒义词，但泰国人就会觉得，为什么中国人总是在变呢？他们对这些常常难以理解。尽管我们也在不断地进行解释，因为外部的大环境在变，我们做的很多事情都要灵活处理，但是泰国人却不这样认为。所以，海尔在泰国，遇到的文化碰撞很多。

其实，国际化就是一个如何进行融合的问题，如何融合母国与东道国的管理模式，如何融合母国与东道国的文化、价值观。但是，融合这个问题，说起来可能非常容易，做起来却非常困难。如果只是将中国那一套不加修改地直接套用到其他国家，就会发现很多时候根本不起任何作用。

记者：你们是如何打动经销商、如何与泰国当地的经销商进行合作的呢？

吴勇：在泰国，我们发现他们的经销商非常有意思。泰国的经销商通常已经在当地经营了几十年，当时他们在泰国是非常具有影响力的。泰国的经销商如果对你的这个品牌不信任，没有好感的话，那他就不会去卖你的产品。泰国的经销商跟中国的经销商很不一样，泰国经销商认为卖你的产品是在砸他自己的招牌。但在中国，通常情况是哪家企业给的提成多，我就卖谁的产品，如果消费者找我经销商的麻烦，那经销商通常会说这是企业的问题，而不是我经销商的问题。

由于之前中国很多企业在泰国出售的是初级加工产品，质低价廉，给泰国经销商造成了不好的印象，泰国经销商会觉得中国企业生产的产品很廉价，卖中国企业生产的产品是在砸他的招牌。

为了扭转这一局面，前两年，海尔花了很多时间和精力来琢磨如何让泰国当地的经销商了解海尔这个品牌，经过我们的不断努力，取得的结果非常喜人。例如，我经常会把泰国当地的经销商带到海尔在泰国的工厂里面进行参观，让泰国当地的经销商去亲自感受海尔企业里面高标准的质量控制水平。还告诉他们，海尔所用的整个质量标准是日本的标准，且海尔里面负责质量控制的团队也是日本人在做。为什么一定要强调是日本的标准和日本的团队呢？因为在泰国人眼中，日本的体系就是高质量的标杆。同时，为了让泰国经销商更深入地了解海尔，我们还邀请他们去中国的海尔进行参观和交流，去看海尔的总部、研发和生产，并且带他们到日本、欧美看，让他们切身感受一下海尔在全球其他地方是怎样的。

同时，我们还反复告诉经销商们，海尔在泰国是打算长期干下去的，而不是赚一点点钱就走。在取得了经销商们的信任之后，他们便给了我们一个机会。但是，我们的产品能不能卖出去，便是我们的问题了。如果经销商们卖了一段时间之后，发现海尔的产品在泰国市场上卖不出去，那泰国的经销商们便再也不会卖海尔的产品了。

记者：那海尔是如何在3个月之内达成经销商们的目标的呢？

吴勇：为了达成目标，我们对很琐碎的一些细节都进行了深入的研究。比如我们发现，消费者进入商场之后，很多消费者都是不会直接去看海尔生产的产品的，有的消费者即便看了海尔生产的产品，也会疑问"海尔是什么？"，消费者根本就不会购买海尔生产的产品。于是，为了能够让消费者知道"海尔是谁"，我们对我们的宣传策略进行了改进。

我们在宣传上做了很多的创意。比如，在很多商场里面，海尔设置了一些标识来引导消费者走到海尔产品的陈列区域，最直观的就是商场里面有一些指示性的箭头或者脚丫能够指引消费者到海尔产品的展架，此外，为了加深消费者对海尔的印象以及深入了解海尔，我们在展架上放了一台电视机，电视机上播放的内容是海尔的产品简介以及相关的广告。播放的内容大致都是，告诉消费者海尔是怎样的一个企业，并且由于泰国当地的消费者对欧洲、美国以及日本市场的信赖和推崇，我们在宣传片里面会告诉他们，海尔在美国、日本都是什么样子的，如告诉泰国的消费者，在日本最有名的大街上有海尔的广告牌，海尔在全世界有很多的研发中心，在美国的百老汇大街上有海尔的楼房，并且海尔当前已经进入了美国排名前10的连锁渠道，这一系列的宣传意在告诉泰国当地的消费者，海尔品牌并不比他们喜欢的美日品牌差。

总之，日韩品牌在泰国当地市场上不需要做的事情，海尔都在不遗余力地做，其中还包括美女主持的简单性的趣味有奖问答活动。做这一切都只是为了加深泰国当地消费者对海尔的印象。

与日本市场将海尔品牌定位为中低端不同的是，泰国市场将海尔定位为泰国消费者喜爱的中高端白色家电品牌。

进入泰国九年时间，海尔交出的一份答卷是：在泰国的工厂占地面积278250平方米，2000多名员工中，绝大多数都是土生土长的本地人，中方工作人员只有不到20名。截至目前，线下门店超过300家，并已建成三位一体工作室，即一家集"研发""制造"和"营销"于一体的泰国本土企业；此外，泰国海尔的产品40%在泰国本土自产自销，60%出口至海外。

对于泰国而言，海尔中央空调成为节能环保的代名词，是当仁不让的主角。作为对海尔的认可，2017年，海尔磁悬浮中央空调被泰国能源部永久收藏。以泰国为轴心，向新加坡、印度尼西亚、越南、老挝、菲律宾、马来西亚、印度、孟加拉国辐射，这是东南亚地区海尔在"一带一路"背景下，用海尔磁悬浮中央空调画出的大商圈。

2017 年 6 月 26 日，海尔中央空调"一带一路"节能生态交互峰会在泰国举行，本次峰会旨在承接《中国制造 2025》战略，践行绿色中国梦，将绿色节能技术推向全球，为全人类生存环境做贡献。会上，泰国工业联盟对于海尔中央空调践行绿色节能的理念表示肯定，该联盟负责人表示，海尔中央空调重点布局磁悬浮机组，并将节能生态融入到中国制造与泰国工业之中，是对"一带一路"沿线国家协同共进的重要实践，也体现了海尔中央空调的全球影响力。在本次峰会上，泰国工业联盟给予了海尔中央空调高度肯定，这也证实了海尔在泰国的本土化发展正逐步深入人心。自 2016 年 1 月，海尔磁悬浮中央空调入驻泰国孔敬大学，成为中国磁悬浮中央空调出口东南亚的首单之后，海尔中央空调布局东南亚、深耕泰国市场的战略越发深刻。2017 年，海尔磁悬浮中央空调再获泰国政府认可，产品在泰国能源部展厅展出；同年，1 台 400 冷吨的磁悬浮空调进驻泰国某橡胶工厂，另一台服务泰国某饲料加工厂的空调也已经下线并运往泰国。海尔致力于成为一个受人尊敬的公司，在"一带一路"倡议驱动之下，海尔将创新、节能环保的泰国国家高度当成自己的使命。所以，海尔磁悬浮中央空调改变的不仅仅是一家企业，更是对泰国这个国家的节能环保起到了巨大的推动作用，从而成为泰国的一面节能环保旗帜。

此外，海尔在泰国市场上还积极践行企业社会责任，积极为泰国当地的社区做贡献，努力提升当地的生活条件。例如，海尔在泰国积极改善当地的教育教学环境，海尔为泰国 Prachinburi 的班达普社区学校赠送了 9 台 Nebula 系列变频空调，给当地学校送去了夏日的清凉，为当地孩子们的健康成长贡献了自己的一份责任和力量。此外，海尔团队还坚持多年海外公益的初衷，秉承着国际领先的教育教学理念，为泰国当地的孩子们送去精彩的启智游戏。"砸冰箱"、海尔产品拼图/彩绘等趣味环节寓教于乐，让孩子们在开心玩耍的同时，锻炼想象力、培养团队精神，也让海尔品牌的人文关怀、产品的创新和品质在孩子们心里种下了小小的种子。由于泰国地处热带，四季如夏，空调使用频率远高于世界其他地区，因此节能性能和制冷能力成为当地消费者关注的重点。此次走进社区学校的 Nebula 系列就是专门针对包括东南亚地区家庭人口多、气候环境闷热的特点打造的，将空调风道、风扇、电机进行升级，不仅可强力制冷，而且实现 20 米以上超远距离送风，解决了当地的困难。

二、案例分析

根据前面的案例介绍，可以将海尔在泰国的发展分成以下四个阶段，在不同的阶段，海尔在泰国市场上所面临的问题及要实现的战略目标是不同的。具体如图 10-1 所示。

由图 10-1 可以看出，海尔在泰国市场的发展经历了四个阶段，分别是初探期、开拓期、扩展期以及成熟期。且在不同的发展阶段，海尔所面临的战略目标是不尽相同的。

在初探期，海尔所面临的主要问题是"是否应该进入泰国市场谋求发展"，经过海尔在泰国市场上近 5 年的探索性销售，决定于 2007 年在泰国建立工厂，标志着海尔要在泰国市场开辟

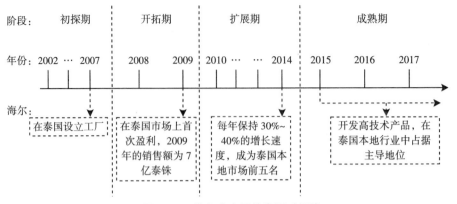

图 10-1 海尔在泰国的发展时间线

新的天地。在此阶段，海尔通过采取要素合理化战略，最终成功进入泰国市场。例如，海尔为了能够对泰国市场进行深入的了解，在泰国市场进行了长达 5 年的试探性销售，通过这种方式，对泰国的制度、文化、习俗等各方面都有了清晰的认识，是后续在泰国市场上的进一步发展和开拓的前提。

在开拓期，海尔所面临的主要问题是"如何成功地在泰国市场存活下来"，2009 年，海尔在越南市场上实现了首次盈利，且在 2009 年，海尔在泰国市场上的销售额为 7 亿泰铢，标志着海尔在泰国市场上顺利存活了下来。在此阶段，海尔主要采取了身份合理化战略，如海尔选择在泰国本地建厂、设立研发基地，并组建当地的研发团队、雇用当地的员工等，以能够使泰国当地的利益相关者认为海尔是泰国本地的一家企业，而非一家外来的企业，此外，海尔在泰国还为遭受水灾的民众免费提供线路检修服务，并积极给当地的社区学校安装变频空调，以改善当地学校的教学环境，海尔的这些策略，是为了向泰国当地的利益相关者宣传海尔在泰国当地的发展是为了更好地改善当地的生存环境，提高当地居民的生活质量，进而赢得利益相关者的好感，尽可能降低自己"外来者"的身份劣势。

在扩展期，海尔所面临的主要问题是"如何在泰国当地市场站稳脚跟，获得一个相对稳定的市场地位"，到2014年，海尔在泰国市场上保持了每年30%~40%的增长速度，且进入泰国本地市场前五名。在此阶段，海尔主要采取了管理合理化战略，如海尔在泰国市场上，尽可能地满足当地员工的相关诉求（如为了满足当地员工对鲜艳色彩的需求，海尔在泰国的工厂里张贴了鲜艳的海尔标识；为了满足日籍管理者对私人空间的追求，给留任的日籍管理者提供单独的员工宿舍等），且海尔在泰国的很多管理者是从泰国当地员工中挑选出来的。此外，由于泰国经销商对日本管理者的崇拜，海尔则在泰国经销商年会时，从日本请来海尔亚洲的杜总裁，再者由于泰国经销商对产品品质的高度重视，海尔便主动向其经销商展示海尔产品过硬的质量等，从而受到泰国经销商很高的评价，最终确保海尔在泰国能够顺利开展经营，能够在市场上建立一定的核心竞争优势。

在成熟期，海尔所面临的主要问题是"怎样成为泰国当地行业的领导者或主导者，进而引领当地整个行业的发展"，到2017年，海尔通过不断开发新技术，推出高技术产品，例如推出了磁悬浮中央空调，成为泰国市场上环保的标杆企业，且也为家电行业的未来发展起到了引领的作用。在此阶段，海尔采取了产出合理化战略，例如，海尔在泰国市场上，为了满足当地消费者对香味的需求，开发出了芳香洗衣机；考虑到泰国当地水压不稳的情形，开发出了零水压洗衣机；考虑到当地消费者对食物冷冻、保鲜要求较高及节能的要求，分别推出了上面为冷冻、下面为冷藏的冰箱和最省电的单门冰箱；为了满足不同消费者对洗衣机不同款式的需求，推出了款式多样的双缸洗衣机；为了满足泰国消费者对颜色的敏感需求，推出了色彩斑斓的冰箱等；海尔还率先推出了磁悬浮中央空调，并获得了泰国能源部的永久展示权，为当地节能技术设立了新标准，进而确立了海尔在泰国市场上的地位。

参考文献

［1］中国外文局中国企业海外形象研究课题组. 2020 年度中国企业海外形象调查分析报告 ［R］. 2020.

［2］中华人民共和国商务部国际贸易经济合作研究院. 中国对外贸易形势报告 ［R］. 2021.

［3］中华人民共和国商务部. 中国对外投资合作发展报告 (2020) ［R］. 2020.

［4］张新民，王分棉，杨道广. 中国企业海外发展报告 (2021) ［M］. 北京：社会科学文献出版社，2021.

［5］中国社会科学院经济学部企业社会责任研究中心. 中央企业海外社会责任研究报告 (2017) ［R］. 2018.

［6］中国社会科学院经济学部企业社会责任研究中心. 中央企业社会责任蓝皮书 (2018) ［R］. 2019.

［7］中国社会科学院经济学部企业社会责任研究中心. 中央企业社会责任蓝皮书 (2020) ［R］. 2021.

［8］《中国对外投资合作发展报告 2020》 ［EB/OL］. http：//www.gov.cn/xinwen/2021 −02/03/5584540/files/924b9a95d0a048daaa8465d56051aca4.pdf.

［9］2021 年《财富》中国 500 强排行榜 ［EB/OL］. http：//www.fortunechina.com/fortune500/c/2021−08/02/content_ 394571.htm.

［10］ Aaby N.，Slater S. F. Management influences on export

performance: A review of the empirical literature 1978 –1988 [J]. International Marketing Review, 1989, 6 (4): 7–26.

[11] Aderson J. C. An approach forconfirmation measurement and structure equation modeling of organization properties [J]. Management Science, 1987, 33 (4): 525–541.

[12] Aderson J. C., David W. Gerbing structural equation modeling in practice: A review and recommend two –step approach [J]. Psychology Bulletion, 1987, 103 (3): 411–423.

[13] Ahlstrom D., Bruton G. D. Learning from successful local private firms in China: Establishing legitimacy [J]. Academy of Management Executive, 2001, 15 (4): 72–83.

[14] Aldrich H. E., Fiol C. M. Fools rush in? The institutional context of industry creation [J]. Academy of Management Review, 1994 (19): 645–670.

[15] Ang S., Benischke M., Doh, J. The interactions of institutions on foreign entry mode [J]. Strategic Management Journal, 2015, 36 (10): 1536–1553.

[16] Arthur D. Authenticity and consumption in the Australian Hip Hop culture [J]. Qualitative Market Research: An International Journal, 2006, 9 (2): 140–156.

[17] Ashforth B. E., Gibbs B. W. The double–edge of organizational legitimation [J]. Organization Science, 1990 (1): 177–194.

[18] Barney, J. Firm resources and sustained competitive advantage [J]. Journal of Management, 1991, 17 (1): 99–120.

[19] Baum J. A. C., Oliver C. Institutional linkages and organizational mortality [J]. Administrative Science Quarterly, 1991 (36): 187–218.

［20］ Beelitz A., Merkl-Davies D. M. Using discourse to re-store organizational legitimacy: "CEO-speak" after an incident in a German Nuclear Power Plant ［J］. Journal of Business Ethics, 2012, 108（1）: 101-120.

［21］ Behname M. FDI localization, wage and urbanization in central Europe ［J］. Romanian Economic Journal, 2013, 16 （48）: 23-35.

［22］ Berry H., Guillen M. F., Zhou N. An institutional ap-proach to cross-national distance ［J］. Journal of International Busi-ness Studies, 2010 （41）: 1460-1480.

［23］ Bitektine A. Toward a theory of social judgments of or-ganizations: The case of legitimacy, reputation, and status ［J］. Acad-emy of Management Review, 2011, 36 （1）: 151-179.

［24］ Blonigen B. A. Firm-specific assets and the link between exchange rates and foreign direct investment ［J］. American Economic Review, 1997, 87 （3）: 447-465.

［25］ Brammer S., Pavelin S. Building a good reputation［J］. European Management Journal, 2004, 22 （6）: 704-713.

［26］ Bresser R., Milloning K. Institutional capital: Competi-tive advantage in light of the new institutionalism in organization the-ory ［J］. Schmalenbach Business Review, 2003 （55）: 220-241.

［27］ Buckey P. J., Casson M. C. The future of the multina-tional enterprises ［M］. London: The Macmillan Press, 1976.

［28］ Calhoun M. A. Unpacking liability of foreignness: Identi-fying culturally driven external and internal sources of liability for the foreign subsidiary ［J］. Journal of International Management, 2002, 8 （3）: 301-321.

［29］ Chen M., Moore M. Location decision of heterogeneous multinational firms ［J］. Journal of International Economics, 2010, 80（2）: 188-199.

［30］ Chung C., Xiao S., Lee J., et. al. The interplay of top-down institutional pressures and bottom-up responses of transition economy firms on FDI entry mode choices ［J］. Management International Review, 2016, 56（5）: 699-732.

［31］ Churchill G. A. A paradigm for developing better measures of marketing construct ［J］. Journal of Marketing Research, 1979, 16（2）: 64-73.

［32］ Cuieford J. P. Fundamental statistics in psychology and education ［M］. New York: Mc Graw Hill, 1965.

［33］ David B. A look at the current state of manufacturing operations in China ［J］. Industry Week, 2007（1）: 3-5.

［34］ Deeds D. L., Mang, P., Frandsen, M. The influence of firms "and industries" legitimacy on the flow of capital into high-technology ventures ［J］. Strategic Organization, 2004, 2（1）: 9-34.

［35］ Griest D L, Forehand R, Wells K C, et al. An examination of differences between nonclinic and behavior-problem clinic-referred children and their mothers ［J］. Journal of Abnormal Psychology, 1980, 89（3）: 497.

［36］ Delmas M., Toffel M. W. Stakeholders and environmental management practices: An institutional framework ［J］. Business Strategy and the Environment, 2004, 13（4）: 209-222.

［37］ Desai M. A., Foley C. F., Hines J. R. Foreign direct investment in a world of multiple taxes ［J］. Journal of Public Economics, 2004, 88（12）: 2727-2744.

[38] DiMaggio P. J., Walter, W. The iron cage revisited: Institutionalized isomorphism and collective rationality in organizational field [J]. American Sociological Review, 1983 (48): 147-60.

[39] Dimitratos P., Marian V. J. Future directions for international entrepreneurship research [J]. International Business Review, 2005, 14 (2): 119-128.

[40] Dobrev S. D., Ozdemir S. Z., Teo, A. C. The ecological interdependence of emergent and established organizational populations: Legitimacy transfer, violation by comparison, and unstable identities [J]. Organization Science, 2006, 17 (5): 577.

[41] Dowling J., Pfeffer J. Organizational legitimacy: Social values and organizational behavior [J]. Pacific Sociological Review, 1975, 18 (1): 122-136.

[42] Driedonks C., Gregor S., Wassenaar A., Van Heck E. Economic and social analysis of the adoption of B2B electronic marketplaces: A case study in the Australian beef industry [J]. International Journal of Electronic Commerce, 2005, 9 (3): 49-72.

[43] Duncan T., Jyotika R. Standardized multinational advertising: The influencing factors [J]. Journal of Advertising, 1995 (24): 55-68.

[44] Eden L., Miller S. R. Distance matters: Liability of foreignness institutional distance and ownership strategy [A] // Hitt M. A., Cheng J. Advances in international management. New York: Elsevier, 2004: 187-221.

[45] Einhorn B., Webb A., Engardio P. China's tangled web [J]. Business Week, 2000 (17): 56-58.

[46] Eisenhardt K. M. Building theories from case study rese-

arch [J]. Academy of Management Review, 1989, 14 (4): 532–550.

[47] Estrin S., Baghdasaryan D., Meyer K. E. The impact of institutional and human resource distance on international entry strategies [J]. Journal of Management Studies, 2009, 46 (7): 1171–1196.

[48] Etemad H. An overview of the relationship between the newly emerging field of international entrepreneurship and the older fields of entrepreneurship and international business [J]. International Journal of Business and Globalisation, 2008, 2 (2): 103–123.

[49] Fernhaber S. A., Gilbert B. A., Mc Dougall P. P. International entrepreneurship and geographic location: An empirical examination of new venture internationalization [J]. Journal of International Business Studies, 2008, 39 (2): 267–290.

[50] Fornell C., Johnson M. D., Anderson E. W., Cha J., Bryant B. E. The American customer satisfaction index: Nature, purpose and findings[J]. Journal of Marketing, 1996 (60): 7–18.

[51] Fortuin L. Performance indicators–why, where and how? [J]. European Journal of Operational Research, 1988, 34 (2): 1–9.

[52] Fukuyama F. Trust: Social virtue and the creation of prosperity [M]. New York: Free Press, 1995.

[53] Ganesan S. Determinants of long–term orientation in buyer–seller relationships [J]. Journal of Marketing, 1994, 58 (4): 1–19.

[54] Garibaldi P., Mora N., Sahay R. What moves capital to transition economies? [J]. IMF Staff Papers, 2001, 48 (SI): 109–145.

［55］ Harzing A. Acquisitions versus greenfield investments: International strategy and mamagement of entry modes ［J］. Strategic Management Journal, 2002, 23（3）: 211-227.

［56］ Hennart J. F. Theories of the multinational enterprise［J］. Neuroreport, 2009, 59（3）: 127-150.

［57］ Hennart J. F., Roehl T., Zeng M. Do exists proxy a liability of foreignness? The case of Japanese exits from the US ［J］. Journal of International Management, 2002, 8（3）: 241-264.

［58］ Herrmann P., Datta D. K. CEO experiences: Effects on the choice of FDI entry mode ［J］. Journal of Management Studies, 2006, 43（4）: 755-778.

［59］ Higon D. A., Antolin M. M. Multinationality, foreignness and institutional distance in the relation between R&D and productivity ［J］. Research Policy, 2012, 41（3）: 592-601.

［60］ Hillenbrand C., Money K. Corporate responsibility and corporate reputation: Two separate concepts or two sides of the same coin? ［J］. Corporate Reputation Review, 2007, 10（4）: 261-277.

［61］ Hostede G. Culture's consequences: International differences in word-related values ［M］. Beverly Hills: Sage, 1980.

［62］ Hotho J. J. A measure of comparative institutional distance ［R］. SMG Working Paper, 2009.

［63］ Ionascu D., Meyer K., Estrin S. Institutional distance and international business strategies in emerging economies ［R］. Working Paper, 2004.

［64］ Johanson J., Vahlne J. E. The internationalization process of the firm: A model of knowledge development and increasing market commitment ［J］. Journal of International Business Studies,

1977, 8（1）: 23-32.

［65］Johanson J., Wiedersheim-Paul F. The internationaliza-
tion of the firm four Swedish cases ［J］. Journal of Management Stud-
ies, 1975（12）: 305-322.

［66］Kalathil S. China's new media sector: Keeping the state
in ［J］. Pacific Review, 2003, 16（4）: 489-501.

［67］Kates M. The dynamics of brand legitimacy: An interp-
retive study in the gay men's community ［J］. Journal of Consumer
Research, 2004（31）: 455-464.

［68］Klimek A. Greenfield foreign direct investment versus
cross-border mergers and acquisitions ［J］. Eastern European Econo-
mics, 2011, 49（6）: 60-73.

［69］Kolstad I., Wiig A. What determines Chinese outward
FDI ［J］. Journal of World Business, 2012, 47（1）: 26-34.

［70］Kostova T. Success of the transnational transfer of organi-
zational practices within multinational companies ［D］. Minnesota:
University of Minnesota, 1996.

［71］Kostva T., Zaheer, S. Organizational legitimacy under
conditions of complexity: The case of the multinational enterprise ［J］.
Academy of Management Review, 1999（24）: 64-81.

［72］Lin F. Labour quality and inward FDI: A firm level em-
pirical study in China ［J］. School of Economics Working Papers,
2011, 19（3）: 68-86.

［73］Liou R. S., et al. Emerging-market multinational cor-
porations as agents of globalization: Conflicting institutional demands
and the isomorphism of global markets ［A］// Tihanyi L., et al. Insti-
tutional theory in international business and management. Bingley,

UK: Emerald Group Publishing Limited, 2012: 179-206.

[74] Lounsbury M., Glynn M. A. Cultural entrepreneurship: Stories, legitimacy, and the acquisition of resources [J]. Strategic Management Journal, 2001 (22): 545-564.

[75] Love J. H., Roper S., Vahter P. Dynamic complementarities in innovation strategies [J]. Research Policy, 2014, 43 (10): 1774-1784.

[76] Lorsch J W, Lawrence P R. Organizational Development: Diagnosis and Action [M]. Boston: Addison-Wesley Publinshing Company, 1969.

[77] Maurer J G. Readings in organizational theory: Open system approaches [M]. New York: Random House, 1971.

[78] North D. C. Institutions, institutional change and economic performance [M]. Cambridge: Cambridge University Press, 1990.

[79] Nunnenkamp P., Spatz J. Determinants of FDI in developing countries: Has globalization changed the rules of the game? [J]. Transnacional Corporations, 2002, 11 (2): 1-34.

[80] Palazzo G., Scherer A. G. Corporate legitimacy as deliberation: A communicative framework [J]. Journal of Business Ethics, 2006, 66 (1): 71-88.

[81] Pandit. The creation of theory: A recent application of the grounded theory method [J]. The Qualitative Report, 1996, 2 (4): 1-20.

[82] Pattnaik C. Do institutional quality and institutional distance impact subsidiary performance [C]. Academy of Management Annual Meeting Proceedings, 2007.

［83］ Peng M. W., Luo Y. Managerial ties and firm performance in a transition economy: The nature of the micro-macro link ［J］. Academy of Management Journal, 2000, 43（2）: 486-501.

［84］ Peng M. W. Towards an institutional-based view of business strategy ［J］. Asia Pacific Journal of Management, 2002（19）: 251-267.

［85］ Pfeffer J. Management as symbolic action: The creation and maintenance of organizational paradigms ［J］. Research in Organizational Behavior, 1981（13）: 1-52.

［86］ Pfeffer J., Salancik G. The external control of organizations: A resource dependence perspective ［M］. New York: Harper and Row, 1978.

［87］ Phillips N., Tracet P., Karra N. Rethinking institutional distance: Between new institutional theory and international management ［J］. Strategic Organization, 2007, 7（3）: 339-348.

［88］ Poter M. E., Kramer M. R. The link between competitive advantage and corporate social responsibility ［J］. Harvard Business Review, 2006, 84（12）: 78-92.

［89］ Porter, Michael E. Competition in the openeconomy ［M］. Cambridge: Harvard University Press, 1980.

［90］ Powell W. W., DiMaggio P. J. The new institutionalism in organizational analysis ［M］. Chicago: University of Chicago Press, 1991.

［91］ Qian W. The development of environment management accounting: An institutional view ［J］. Eco-Efficiency in Industry and Science, 2008（24）: 233-248.

［92］ Ram M., Pietro N. Institutions and internation business:

A theoretical overview [J]. International Business Review, 2002 (11): 635-646.

[93] Ramanathan R., Ramanathan U., Zhang Y. B. Linking operations, marketing and environmental capabilities and diversification to hotel performance: A data envelopment analysis approach [J]. International Journal of Production Economics, 2016 (176): 111-122.

[94] Reimann F., Ehrgott M., Kaufmann L., Carter C. R. Local stakeholders and local legitimacy: MNE's social strategies in emerging economies [J]. Journal of International Management, 2012, 18 (1): 1-17.

[95] Ritala P., Hurmeinna -Laukkanen P. Incremental and radical innovation in coopetition-The role of absorptive capacity and appropriability[J]. Journal of Product Innovation Management, 2013, 30 (1): 154-169.

[96] Romar E. J. Globalization, ethics, and opportunism: A confucian view of business relationships [J]. Business Ethics Quarterly, 2004, 14 (4): 663-678.

[97] Roth M. S. Effects of global market conditions on brand image customization and brand performance [J]. Journal of Advertising, 1995 (24): 55-75.

[98] Rotting D. Institutions and emerging markets: Effects and implications for multinational corporations [J]. International Journal of Emerging Markets, 2016, 11 (1): 2-17.

[99] Rotting D., Reus T. H. Institutional distance, organizational legitimacy, and the performance of foreign acquisitions in the United States [C]. Academy of Management Annual Meeting Pro-

ceedings，2009.

[100] Sandefur R. L.，Laumann E. O. A paradigm for social capital [J]. Rationality and Society，1998，10（4）：481-510.

[101] Sanders P. Phenomenology：A new way of viewing organizational research [J]. Academy of Management Review，1982，7（3）：353-360.

[102] Schouten J. W.，James H.，Alexander M. Subcultures of consumption：An ethnography of the new bikers [J]. Journal of Con-sumer Research，1995（22）：43-61.

[103] Scott W. R. Institutions and organizations（2nd Ed.）[M] // Shaver，J. M. Accounting for endogeneity when assessing strategy performance：Does entry mode choice affect FDI survival？ Management Science，1998，44(4)：571-585.

[104] Scott W. R. Institutions and organizations [M]. Thousand Oaks，CA：Sage，1995.

[105] Sikorski D.，Menkhoff T. Internationalization of Asian business [J]. Singapore Management Review，2000，22（1）：1-17.

[106] Singh R. R.，Rajesh K. C.，Jaideep C. P. The fruits of legitimacy：Why some new ventures gain more from innovation than others [J]. Journal of Marketing，2008，72（6）：58-75.

[107] Suchman M. C. Managing legitimacy：Strategic and institutional approaches [J]. Academy of Management Review，1995，20（3）：571-610.

[108] Suddaby R.，Greenwood R. Rhetorical strategies of legitimacy [J]. Administrative Science Quarterly，2005，50（1）：35.

[109] Tajfel H.，Turner J. C. An integrative theory of intergroup conflict [A] //Austin W. G.，Worchel S. The social psychology

of intergroup relations monterey. Monterey CA: Books/Cole, 1979: 33-47.

［110］ Terpstra V., Kenneth D. The cultural environment of international business ［M］. Cincinnati, OH: Southwestern, 1991.

［111］ Tukker A. Eight types of product-service system: Eight ways to sustainability? Experience from SusProNet ［J］. Business Strategy and the Environment, 2004, 13 (4): 246-260.

［112］ Turner J. C. Towards a cognitive redefinition of the social group ［A］ // Tajfel H. Social identity and intergroup relations. Cambridge: Cambridge University Press, 1982: 15-40.

［113］ Tyler T. R. Psychological perspectives on legitimacy and legitimation ［J］. Annual Review of Psychology, 2006, 57 (1): 375.

［114］ Vermeulen F., Barkema H. Learning through acquisitions ［J］. Academy of Management Journal, 2001, 44 (3): 457-476.

［115］ Vernin R. International inverstment and international trade in the product cycle ［J］. Quarterly Journal of Ecinimics, 1966, 80 (2): 190-207.

［116］ Wang C., Hong J., Kafouros M., et al. What drives outward FDI of Chinese firms? Testing the explanatory power of three theoretical frameworks［J］. International Business Review, 2012, 21 (3): 425-438.

［117］ Welch D. E., Lawrence, S. The internationalization procesand networks: A strategic management perspective ［J］. Journal of International Marketing, 1996, 4 (3): 11-28.

［118］ Xu D. The effect of institutional distance on multinational enterprise strategy ［D］. Ontario: York University, 2001.

［119］Xu D., Pan Y., Beamish P. W. The effect of regulative and normative distances on MNE ownership and expatriate strategies ［J］. Management International Review, 2004, 44（3）: 285-307.

［120］Yin R. K. Case study research: Design and methods ［M］. New York: Blackwell Science Ltd., 2009.

［121］Zaheer S. The liability of foreignness, redux: A commentary ［J］. Journal of International Management, 2002, 8（8）: 351-358.

［122］Zaheer S., Mosakowski, E. The dynamics of the liability of foreignness: A global study of survival in financial services ［J］. Strategic Management Journal, 1997, 18（6）: 439-464.

［123］Zhao M., Park S. H., Zhou N. MNC strategy and social adaptation in emerging markets ［J］. Journal of International Business Studies, 2014, 45（7）: 842-861.

［124］Zimmerman M. A., Zeitz G. J. Beyond survival: Achieving new venture growth by building legitimacy ［J］. Academy of Management Review, 2002, 27（3）: 414-431.

［125］曾兰，杜亮. 华为、联想、中化分列国际化 50 强前三 ［EB/OL］. 中国企业家网，［2011-09-21］. http://www.iceo.com.cn/shangye/37/2011/0921/230598.shtml.

［126］陈程. "金砖四国" 对外直接投资动因的比较研究 ［D］. 湖南大学硕士学位论文，2011.

［127］陈晓萍，徐淑英，樊景立. 组织与管理研究的实证方法 ［M］. 北京：北京大学出版社，2009.

［128］陈迎. 全球应对气候变化的中国方案与中国贡献 ［J］. 当代世界，2021（5）: 4-9.

［129］董惠梅. 基于国际化阶段理论的中国企业品牌国际化

过程研究 [J]. 经济与管理研究，2007（4）：74-77+82.

[130] 方旖旎."一带一路"战略下中国企业对海外直接投资国的风险评估 [J]. 现代经济探讨，2016（1）：5.

[131] 郭锐，汪涛，周南. 国外品牌在中国的转化研究：基于制度理论 [J]. 财贸经济，2010（10）：114-119.

[132] 国家风险评级课题组. 2018 年中国海外投资国家风险评级报告（CROIC-IWEP）[R]. 2018.

[133] 韩小芸，汪纯孝. 服务型企业顾客满意感与忠诚感关系 [M]. 北京：清华大学出版社，2003.

[134] 何寒寒. 中国海外投资的风险规避及其法律对策 [D]. 甘肃政法学院硕士学位论文，2019.

[135] 何新易. 中国发展对外直接投资的战略因素 [J]. 管理世界，2016（1）：172-173.

[136] 胡宏春. 试析当前中国企业海外投资的动因及现实基础 [J]. 当代会计，2019（2）：26-27.

[137] 黄东，易志高，茅宁. 中国企业国际化战略模式分析及其选择 [J]. 现代经济探讨，2009（4）：36-40.

[138] 黄中文，刘向东，李建良. 外资在华并购研究 [M]. 北京：中国金融出版社，2010.

[139] 李彬，谷慧敏，高伟. 制度压力如何影响企业社会责任：基于旅游企业的实证研究 [J]. 南开管理评论，2011，14（6）：67-75.

[140] 李成章. 中国企业对外直接投资动因分析 [J]. 广西质量监督导报，2020（2）：2.

[141] 李刚. 中国企业海外投资状况分析 [J]. 中国经贸，2011（4）：72-73.

[142] 李高勇，毛基业. 案例选择与研究策略——中国企业

管理案例与质性研究论坛（2014）综述［J］.管理世界，2015（2）：133-136.

[143] 李海芹，张子刚.CSR 对企业声誉及顾客忠诚度影响的实证研究［J］.南开管理评论，2010，13（1）：90-98.

[144] 李雪灵，万妮娜.跨国企业的合法性门槛：制度距离的视角［J］.管理世界，2016（5）：184-185.

[145] 李媛.基于 ICRG 的中国海外投资国家风险评价方法［J］.沈阳工业大学学报（社会科学版），2015，8（4）：8.

[146] 李志刚，李国柱.农业资源型企业技术突破式高成长及其相关理论研究——基于宁夏红公司的扎根方法分析［J］.科学管理研究，2008，26（3）：111-115.

[147] 刘洪深.合理性视角下制度压力对企业国际化营销战略及其绩效的影响研究［D］.武汉大学硕士学位论文，2012.

[148] 刘文.公共外交视角下中国企业"走出去"的文化风险应对研究［D］.外交学院硕士学位论文，2020.

[149] 刘云.组织身份导向研究进展探析［J］.外国经济与管理，2014，36（10）：22-31.

[150] 鲁桐.中国企业如何向外发展？——兼评企业国家化阶段论［J］.国际经济评论，1998（3）：56-58.

[151] 毛基业，李高勇.案例研究的"术"与"道"——中国企业管理案例与质性研究论坛（2013）综述［J］.管理世界，2014（2）：111-117.

[152] 潘镇，殷华方.制度距离对于外资企业绩效的影响：一项基于生存分析的实证研究［J］.管理世界，2008（7）：103-114.

[153] 申富平，袁振兴.论企业社会责任的资源依赖性及其配置［J］.河北经贸大学学报，2011，32（3）：50-54.

［154］沈奇泰松．组织合法性视角下制度压力对企业社会绩效的影响机制研究［D］．浙江大学博士学位论文，2010．

［155］汤建光．中日对外直接投资的动因与特点比较及其启示［J］．当代财经，2007（11）：85-90．

［156］汪红蕾．践行"一带一路"战略中国交建深耕海外市场［J］．建筑，2015（13）：2．

［157］王国顺，郑准，杨昆．企业国际化理论的演进［M］．北京：人民出版社，2009．

［158］王鹏．中国体育品牌国际化收购战略研究——以安踏为例［J］．商业故事，2018（9）：135．

［159］向鹏成，蔡奇钢．"一带一路"倡议下重大基础设施投资的文化风险评价研究［J/OL］．重庆大学学报，2021：1-17．http：//kns.cnki.net/kcms/detail/50.1023.c.20210727.1106.006.html．

［160］谢家琳．实地研究中的问卷调查法——组织与管理研究的实证方法［M］．北京：北京大学出版社，2008．

［161］谢泗薪，薛求知，都业富．以国际化双向路径为基构建中国企业全球学习战略模式［J］．科研管理，2004，25（5）：86-89．

［162］徐江．我国中小企业国际化影响因素及其对国际化绩效的影响研究［D］．吉林大学博士学位论文，2012．

［163］徐磊，周帆．基于OFDI行业结构分析的中国企业海外投资动机研究［J］．产业与科技论坛，2021，20（10）：54-56．

［164］姚康，宋铁波，曾萍．制度压力、合法性选择与民营企业发展：基于温氏的经验证据［J］．软科学，2011，25（2）：34-140．

［165］袁海勇．中国海外投资风险应对法律问题研究［D］．华东政法大学博士学位论文，2012．

[166] 张猛超. 中国资源获取型海外直接投资的政治风险研究 [D]. 浙江大学，2013.

[167] 张宁宁，张宏，杨勃. "一带一路" 沿线国家制度风险与企业海外市场进入模式选择：基于中国装备制造业上市公司的实证分析 [J]. 世界经济研究，2019（10）：119.

[168] 张莹莹. 东道国制度风险对中国企业对外投资的影响——基于"一带一路"国家的数据分析 [D]. 天津财经大学，2020.

[169] 张中元. 中国海外投资企业社会责任：现状、规范与展望 [J]. 国际经济合作，2015（12）：68-72.

[170] 赵孟营. 组织合法性：在组织理性与事实的社会组织之间 [J]. 北京师范大学学报（社会科学版），2005（2）：119-125.

[171] 周经，赵晔. 战略性资产如何影响了中国企业对美国 OFDI 模式选择——基于负二项回归模型的实证研究 [J]. 国际贸易问题，2018(2)：125-136.

[172] 周玲. 基于合理性理论的来源国形象研究：构成、机制及策略 [D]. 武汉大学博士学位论文，2012.

[173] 宋铁波，钟熙，陈伟宏. 期望差距与企业国际化速度：来自中国制造业的证据 [J]. 中国工业经济，2017（6）：175-192.

[174] 张伟. 跨国企业母国足迹的波动程度对其后续海外扩张行为的影响研究 [D]. 武汉大学博士学位论文，2019.